言出必「行」

不會被拒絕的高品質溝通

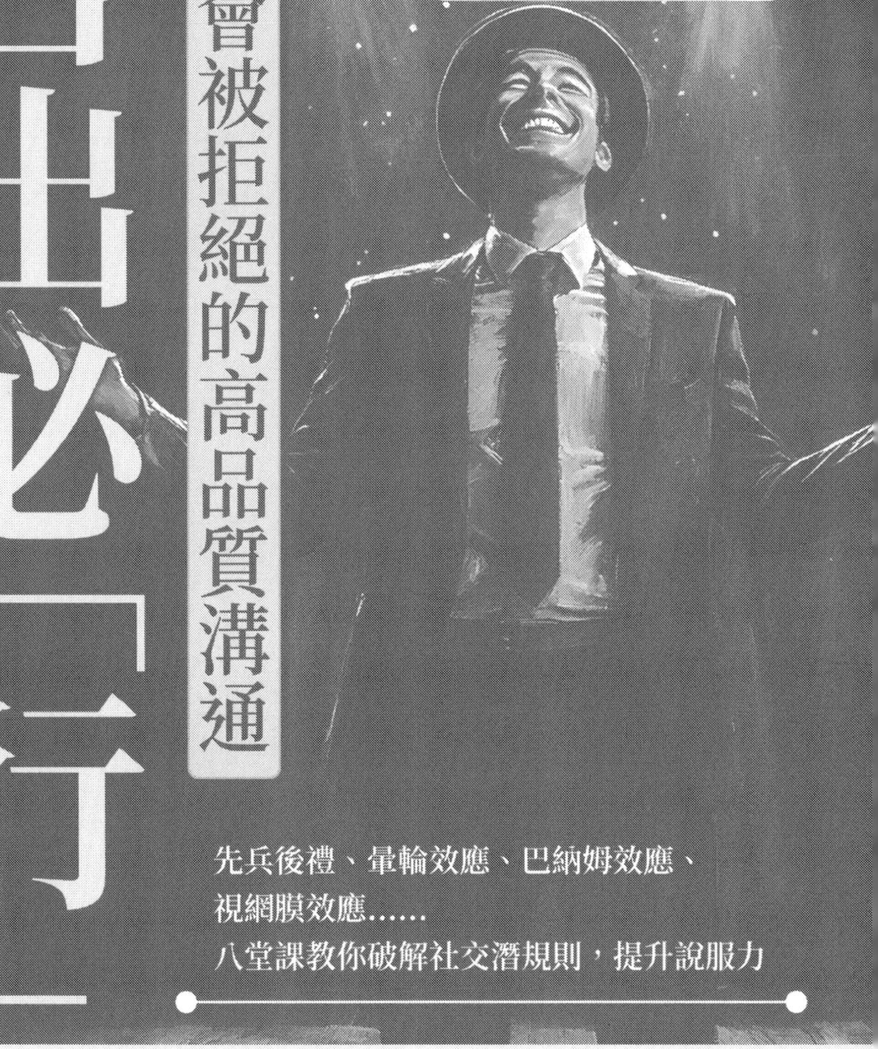

先兵後禮、暈輪效應、巴納姆效應、
視網膜效應……
八堂課教你破解社交潛規則，提升說服力

稱讚與傾聽是最佳武器

換位思考讓每一句話都建立人與人的橋梁
學會認可與欣賞，你將擁有改變局面的力量

郭津宏 著

目錄

前言 ………………………………………… 005

第一章　如何做到優質溝通 ……………… 007

第二章　優質的溝通需先交心 …………… 041

第三章　優質溝通是講智慧的 …………… 071

第四章　優質溝通是說話讓人舒服 ……… 099

第五章　掌握分寸，才能良好溝通 ……… 135

第六章　以柔克剛的祕訣 ………………… 173

第七章　幫苦口良藥包上糖衣 …………… 203

第八章　說服他人，其實很簡單 ………… 231

目錄

前言

人的一切價值，都是社會的價值。生活中重要的一件事，就是和其他人類保持密切互動。

每個人都有固定的社會角色定位，通常會按照社會規範來約束和規範自己的角色行為。

約束自己的行為是指對人、事的欲望加以控制或增強。人的社會角色定位需求和動物的本能需求有所差別，它不僅是動物之間簡單的行為方式的擴展和延伸，而且是使自己的生活、活動置於意識控制之下。

例如，在社會角色的定位結構中，有安全和受到別人尊重的需求，有實現自己的價值、得到他人認可的需求。但這種需求能否實現，是在社會規範下，以社會和他人需求的同樣滿足為前提的。

這種情形下，每個人都在一定條件下受到社會的制約，也就是人際溝通、交往規範的制約。

外在的環境對人的心理會有很大的影響。

人心容易受到外界環境的刺激，在接受外來的訊號時，會非常容易受到影響。正面的訊號會給人一種正面的影響，如果是負面的訊號，則會產生負面的影響。

前言

科學家研究發現，如果經常接收到正面的訊號，會加強腦波，刺激平時很難能夠刺激到的部分，使人爆發出更強大的潛在力量。這裡所說的訊號不就是我們開口說出的話嗎？話說得好，不但幫助人獲得成功，而且能帶給人幸福。話說得爛，則會對人產生負面影響。

人際關係學家戴爾·卡內基說：「一個人的成功，15%靠技術知識，85%靠口才藝術。」

我們必須正視事實：工作與生活中，那些擅長溝通的人，往往令人愉快，獲得很好的人緣，與同事相處融洽，深受上司賞識，容易獲得升遷機會。而那些不太注意溝通技巧的人，則往往默默無聞，被人無視，甚至有時還會因為不會說話而得罪人，影響人際關係，導致事事不順。

哈佛大學著名心理學家與哲學家威廉·詹姆士教授（William James）認為，普通人只開發了蘊藏於自己體內十分之一的能力。要知道，每個人都是語言天才。任何人一旦生氣之後，就會變得伶牙俐齒，很會說話。即使一個最笨口拙舌的人在被別人打倒後，他也會立即站起來與你理論，而且一點都不亞於第一流的演講家。因此，只要擁有自信，內心有表達的衝動，那麼你也一定會說得十分動人。

每個人都可以透過後天的努力去掌握溝通技巧，學會溝通，從而活出高級人生。

第一章
如何做到優質溝通

　　一個人說「是」的時候，神經系統和肌肉處於接受、開放的狀態。這個時候，人潛意識裡很放鬆，防禦能力大大降低。因此，在開始的時候，我們能引起的「是」越多，就越容易進行優質溝通。

第一章　如何做到優質溝通

適當運用「讀心術」

> 具體的心理活動總會透過相應的行為動作表現出來，只要你足夠認真地觀察，一定能夠摸清楚對方的心理活動，採取針對性的措施。

心理學中，我們——你和我——透過4種方式與外界接觸，而他人正是透過這4種方式來判斷我們某種行為的動機、心理。我們做了什麼、我們看起來像什麼樣子、我們說了什麼以及我們怎麼說，這4種方式完全由心而發。

佛家有句話叫「相由心生」，一個人做什麼，想什麼，說什麼，這些心思與作為，可以透過面部特徵表現出來。

大學畢業之前，我和一個同學冒冒失失地進一家公司去面試。

面試的過程波瀾不驚，面試官簡單地看了我們的履歷，簡單地詢問了我們幾個問題，面試就算結束了。

面試官對我們說道：「行！先這樣吧！你們的條件我們基本上都掌握了，我們研究一下，會再通知你們的，再見。」

說不出什麼感覺，第一次面試就這樣結束了。

回去之後，同學立刻開始安排下一場面試，這讓我頗為不解，問：「我們還沒有收到通知，如果面試成功了，豈不是白白

適當運用「讀心術」

浪費了?」

同學則很自信地告訴我,面試已經失敗了。

我很奇怪,問:「你怎麼知道的?」

同學回答說:「面試官對我們說話的時候,右手總是撐在臉上,中指支著下顎,食指伸直指向右眼角,左臂又橫在胸前,很少直視過我們。這種姿態就表示我們對他沒有足夠的吸引力,我們不是他所需要的人。」

事實證明,我們沒有接到公司的複試通知。

他是一個懂得肢體語言的人,能夠透過對方的表現來得到一些資訊,這是很多人都需要學習的本領。

「人心難測,海水難量。」與人溝通的過程中,無法對對方有全面的、準確的了解,也就很難能夠採取應對的措施。人心隔肚皮。

大腦發出指令,人的肢體會採取某些行為,已經形成了固定的模式。比如,感到恐懼時,你的神經會收縮,肌肉會緊繃,臉色會發生變化等,都是具體的表現。

大腦發出的指令,即便人在言語上有所掩飾,也會透過其他的肢體語言表現出來。如果你善於觀察,同樣能夠捕捉到一些不易覺察的細節,進而做出正確的判斷,摸清楚對方的心理。

美國心理學家梅奧(George Mayo)經過研究發現,人類的肢體具有習慣成自然的下意識特性,從這個意義上來說,它比

第一章　如何做到優質溝通

言語更能表現出人的心理動機。

當然，一些溝通高手，歷經百戰，或許早就已經習慣了掩飾自己的真心。梅奧也注意到了這個方面，但是能夠掩飾一部分，並不能掩飾全部。

以著名教育家卡內基為例，他經歷複雜，人際溝通經驗豐富，對別人了若指掌，當然，對自己的心理同樣能夠了若指掌。然而，卡內基先生卻這麼說：

即便你是天生的偽裝大師，也不可能做到滴水不漏。一個人經驗豐富、經歷複雜，只能說明能夠意識到或者做到偽裝自己的一些動作，在一些肢體語言上進行掩飾、偽裝，但卻依舊有一些細節動作，會被別人發現。不管是什麼人，要做到完全不露痕跡、天衣無縫是不可能的。

有社會學家經過數十年的研究發現，當一個孩子撒謊時，常把手藏在身後；而成年人撒謊時，常常是眼神游離不定，或者是偶爾摸一下嘴巴。

或許你會說，在有針對性的訓練之後，在撒謊的時候，眼神鎮定就可以了。問題沒有這麼簡單，比如，你可以在打噴嚏的時候睜開眼睛嗎？這是不可能實現的事情，打噴嚏的時候眼睛一定是閉著的。

說謊話的時候，即便你經過了針對性的訓練，肢體語言方面依然會傳遞出一些訊號。就算你的眼神表現得很鎮定，但仍然

適當運用「讀心術」

會在其他細節露餡,如言語不連貫、神情不自然、肌肉緊張等。

這些傳遞出來的訊號與堅定眼神的不和諧,仍然會讓別人察覺。

科學家發現,大腦會無意識影響身體的各個部位做出各種小動作,這是不能完全控制的,同時也是難以充分意識到的。

即便你能夠控制,但依然很難長時間維持,如果某種行為語言是強行表現出來的,一旦這種強制力消失,就會瞬間被打回原形。

世界上最偉大的推銷大師吉拉德(Joe Girard)就擅長透過對方的小動作來發現對方的心理,這幫他大大提升了工作效率。吉拉德回憶說:

這天,我與一個潛在的客戶進行溝通,在他的詢問下,我說了商品的價格。當我說出價格的時候,看到客戶搓了搓手掌,我意識到客戶是在思考。可能在很多人看來,應該趕緊介紹產品的好處,進行第二輪攻擊。我沒有,我會繼續觀察客戶搓手的速度,搓得較快,表示事情好辦;慢慢地搓幾下,表示事情難辦。此時,我會根據不同的情況採取不同的措施。這樣,我的效率就會高很多。

有社會心理學家根據十幾年的研究,得出了一些小動作代表的心理:

在與人交談的過程中皺眉頭,則表示對方在思考,這種情

011

第一章 如何做到優質溝通

況下最好不要打擾；

雙手糾纏在一起，則表示此人正處於緊張、不安或害怕的情緒中；

瞇著眼睛，嘴角歪向一邊，則表示不同意，心生厭惡或不欣賞；

來回走動，則表明對方在發脾氣或者受到挫折，難以安靜；

不敢正視對方，眼神閃爍，則表明此人不自信，或者在說謊；

正視對方則傳遞著一種友善、誠懇的態度，同時表明此人性格外向，有安全感，自信，篤定等；

搖頭，則表示處於迷惑的階段，或不相信；

坐在椅子上，來回抖腳，則表明內心的緊張；

身子向前傾，表示注意或感興趣；

身子向後傾，表示心不在焉；

頭部挺得筆直，說明對談判和對話人持中立態度；

低頭則說明對對方的談話不感興趣或持否定態度。

……

除了身體上肢的動作之外，下肢的動作更為明顯地反映一個人的心理。比如，交談的過程中蹺二郎腿，這一般是表示一個人不動聲色，保持一種觀望態度。雖然職場中，有些人長期養成習慣，經常隨便這麼坐，沒有任何潛臺詞，不過只要你參

照其他的行為，就可以理解此時蹺起二郎腿的心理了。

比如，和你交談的人，如果蹺起二郎腿，兩手交叉在胸前，收縮肩膀，則說明你此時的談話無法引起他的興趣，他對眼下的談話已經不再感興趣。

如果對方此時坐在你的對面，蹺起的腿成一個角度，則說明他這個人很懂禮貌，性格方面比較好強，爭強好勝。如果他還雙手抱膝，則說明溝通結果很難預料，因為這種人一般不會讓步，口齒伶俐，反應快，是一個職場溝通的高手。

如果交談的過程中，對方叉腿站著，說明他不自信，緊張而不自然。人們在一個陌生而不舒適的場合多半愛這麼站。

坐在你面前蹺起二郎腿的時候，手指叉在一起而面朝上，說明對方精力集中、果斷和有幾分優越感。此時的你需要改變一些策略，要根據對方的心理變化採取策略。

交談的過程中，對方在耳朵部位搔癢癢或輕揉耳朵，你就需要改變一種溝通策略，因為對方已不想再聽你說下去。

如果對方用手指輕輕觸碰脖子，則說明對方對你並不相信，至少對你說的持懷疑態度。

如果對方把手放在腦袋後邊，你要做好接受挑戰的準備，因為對方準備反駁或者質詢你的某些談話內容。

交談的過程中，對方用手指敲擊桌子，說明對方覺得無聊或不耐煩。

第一章 如何做到優質溝通

　　如果用手托腮，用手指頂住太陽穴，說明對方在仔細斟酌你說的話，此時你要做的只是旁敲側擊。

　　如果交談的過程中，對方在有意無意之間清除衣服上不存在的塵土，你已經可以收起你的談話了，因為對方內心裡不同意你說的，但因某種原因不說出來。

　　人相應的肢體語言都會反映相應的心理活動，只要你注意觀察，細細體會，就能夠在溝通過程中，察覺到別人的內心活動。

學會換換位，溝通才到位

> 想實現有效溝通，你需要站在對方的立場上；不要一味地只想著自己，超過了別人的承受範圍，可能會一拍兩散。

我們來看一個有趣的小故事：

有一次，美國作家馬克‧吐溫去教堂聽牧師演講，最初感覺牧師的演講很生動，打算捐款。10 分鐘之後，牧師還在進行重複的說教。馬克‧吐溫有點不耐煩了，決定放棄捐款的念頭；又過了 10 分鐘，牧師還沒有講完，馬克‧吐溫開始心生厭惡。

半小時之後，牧師的演講終於結束了，開始募捐時，氣憤難平的馬克‧吐溫不僅放棄了捐款，還從捐款的盤子裡拿走了一美元，作為自己的精神補償。

安德魯‧卡內基（Andrew Carnegie）的嚴格是出了名的。作為美國鋼鐵大廠，他為鋼鐵廠制定了完善的管理制度並嚴格執行，使得員工的服從意識空前提高。

在鋼鐵廠逐步走向全美的時候，安德魯‧卡內基發現，工廠員工對他的「嚴格要求」微詞頗多。而且訓斥的效果越來越差了。

為了提高工廠的工作效率，卡內基對那些違反鋼鐵廠規定的員工，總是毫不留情地訓斥。有一次，一位員工在檢驗鋼鐵

第一章 如何做到優質溝通

的過程中，未按廠裡規定的「複核制度」複核，就將鋼材賣給鐵路部門，鐵路部門發現產品的驗收者不是自己指名的，於是找鋼鐵廠進行調換，並向卡內基投訴了那名員工。卡內基按照鋼鐵廠的規定，嚴厲的懲罰該名員工。

卡內基在自己的回憶錄中寫道：「到此本該結束。但是，在以後的幾個見面中，我常常把這件事掛在嘴邊，督促他在檢驗鋼鐵時一定要『引以為戒』，甚至三番五次在會議上將這個案例搬出來，並直接道出了他的名字。

「半個月之後，我收到他的辭職信：『我要辭職。順便說一句，生產器械出現故障，希望你能夠在下批訂單來臨之前檢修好。』」

「我這才意識到是自己的行為太過分。」

心理學中有一種「超限效應」，指在溝通過程中，如果對對方刺激過多、過強或作用時間過久，會引起對方極不耐煩或叛逆的心理現象。

案例一中的牧師在演講的過程中，對馬克·吐溫刺激過多，時間過長，和案例二中的卡內基出現同樣的問題，導致出現與預期效果完全相反的事情。

要避免超限效應，人際溝通中，需要注意溝通的方式、方法，掌握分寸，最重要的是換位思考。

再來說一個故事：

有一段時間，我去出差，就合作中的一些事項與客戶展開談

判。雙方交談得很順利，在履行具體的合約事項時，對方的兩個人提出了異議。兩個人喋喋不休地輪番轟炸，無外乎現在物價飛漲，生產成本提高，要提高價格之類的。

面對他們的輪番轟炸，我並沒有自亂陣腳，而是這樣告訴他們：

當然，現在生產成本提高，站在你們的立場上，我希望你們多賺一點錢，如果我是你的話我也這樣想。現在讓我來幫助你們分析一下，價格提高以後你們是多賺錢了，還是少賺錢了？看起來價格提高你多賺錢了，而這一單的價格我們公司當然可以承擔得起。但是，以後我還會與你們合作嗎？我這一走對你們來說丟掉了一個很重要的生意，而且我是做生意的，如果我宣傳出去，誰還會來？相反，現在成本提高，如果我將你們沒有提高價格的事情宣傳出去，等於是幫你做了廣告，讓很多人都知道你們是講究誠信的。你們覺得提高價格好還是不提高價格好呢？

他們考慮了一下，認真地點點頭。最後雙方達成了合作。

當你站在別人的角度幫別人思考問題的時候，別人同時也會站在你的角度幫你思考問題。

人與人之間的交往，時常會存在許多分歧。當分歧存在的時候，要學會站在對方的立場看問題，這樣就可以知道他們在想什麼、想得到什麼、不想失去什麼。再根據對方的立場，尋找解決

第一章　如何做到優質溝通

問題的方法。

人的劣根性決定了人的大腦中只能考慮到自己、只能看到自己。要實現有效溝通，需要避免人心的缺陷，需要轉變觀念，學會站在對方的立場看問題。

只有站在對方的角度考慮問題，你才能了解對方的思想立足點、支撐點，才能對對方有個基本的了解。在各種交流中，你就可以從容應對。

圍棋高手在比賽的過程中，常常扮演兩個角色——對方的進攻和己方的進攻。只有這樣，才能預判對方出什麼招，大概就勝券在握了。

當然，有太多的人不懂得如何運用這條規則，這是導致他們人生失敗的一大原因。

很多人低估了站在對方的立場考慮問題的力量，於是他們也喪失了許多可以成功的機會，因為他們對別人一無所知。

人的劣根性，決定我們無法用簡單的對錯標準來衡量某一事情。只要站在不同的角度去考慮問題，得出的結果肯定會不一樣。

因此，如果我們考慮某一問題時，眼中僅僅能夠看到自己，而完全忽視他人，往往就會失之偏頗，甚至做錯事情。

要實現有效溝通，需要凡事設身處地，換一個角度思考，原本疑惑不解的問題可能就變得豁然開朗了。這又稱為逆向思考。

站在對方的立場上，就如同站到鏡子前，可以看到自己臉

上的痣,這僅僅是實現有效溝通的第一步。如何讓臉蛋與痣之間實現和諧,讓痣不會影響你展現自己的美麗,而是讓你更漂亮,這才是關鍵。

我想起幾年前的一件小事情:

我的一個人事部的同事,由於人員調動,公司的人事幾乎全部由他負責,任務的繁重可想而知。午休時,他恰好遇到了我,向我喋喋不休地抱怨,抱怨每天需要加班三個小時,中間不能有絲毫鬆懈,老闆是想把自己當牲口使之類的話。說實話,我實在是沒有耐心聽。

我很想叫他不要抱怨,抱怨對工作於事無補。在我們公司,一直有這樣一個傳統:女人當男人用,男人當牲口用。你就自認倒楣吧。

當然,這不是最好的辦法,我對他說:「是的,你說得很對,換作是我,我也會和你的反應一樣。公司的人事部人員調動,幾乎所有的人事工作都需要你一個人負責,只能把你當牲口用了。但是,這正是你表現自己的機會啊,受任於公司變動之際,奉命於人員缺乏之機,既是挑戰也是機遇,一副肩膀挑起一個部門的重擔,上司會視而不見嗎?」

這句話讓同事幾乎兩眼放光,用力地拍了拍我的肩膀。這句話對他很受用。

開始時我對他說:「是的,你說得很對,換作是我,我也會

第一章 如何做到優質溝通

和你的反應一樣。」

這句話讓同事的抱怨瞬間消失，而且這句話完全是出於理解他的心理、意願，假如我是他，當然也同他感覺一樣。

「是的，你說得很對，換作是我，我也會和你的反應一樣。」這是一句有神奇力量的語句，一個可以停止爭論、消除怨恨，甚至製造好感，使對方注意聽你談話的一句話。

就是這樣一句話，能夠讓世界上最固執的人，瞬間軟化下來。人性需要自己被別人理解，特別是一種不同於普通人的思想，更需要得到別人的了解。比如，一個不被身邊的人所接受的人，或許是因為思想，或許是因為行為，但不管是何種思想和行為，都有自己的出發點和理由。想和他實現有效溝通，首先需要同情、認可他的理由，「是的，你說（做）得對，換作是我，我也會和你的反應一樣。但是……」

要記住，那些到你面前抱怨、傾訴，甚至失去理智的人，他之所以成為這樣的人，責任並不全在他身上。

對這些人，要對他表示認可、理解，不要求你一定要接受他的思想，但前提是要理解。伏爾泰說：「我無法接受你的觀點，但我誓死捍衛你說話的權利。」這裡，要將這一句話改為：「我理解你的處境，但是……」，這是有效溝通的需要。

人際關係很複雜。因此有很多人感慨「做人太難」。

幾年前，我的一個鄉下親戚讓我幫他的兒子在我任職的公

司安排一個職位。這完全超出我的能力範圍，當時我也只是一個小員工，每天工作八小時，每週工作五天，每個月拿著不多不少的薪水。這些在我的親戚看來，就是成功了。

很明顯，我無法幫他實現。

後來，他對我的父親說：「你的兒子現在有出席了，我們是高攀不上了。」

我知道，他在生我的氣，於是我打電話給他：

你說得很對，換作是我，我也會這麼認為。但是我也在為別人工作，如果他（指親戚的兒子）有公司需要的專業技能，我就是拼了命，也一定幫他安排一份工作。他現在還只是個少年，應該以學業為重。我保證將來會拉他一把。

於是，與這個親戚冰釋前嫌。

因為道歉，並認同他的觀點，我和他得以冰釋前嫌，讓他同情我的處境。

實現有效溝通，必須要用真誠的態度說出那些話來，假如你是對方的話，你當然有跟他同樣的感覺。

人性使然，普遍追求別人的理解、順從，希望得到別人的同情。前面我們說過，一些年幼的孩子會急切地展示他受傷的地方，以得到成人的關心和同情，這個時候，成人在同情的同時，還需要站在孩子的角度上，設身處地理解孩子需要別人認可自己的心理。

021

第一章　如何做到優質溝通

　　不僅僅是孩子，成人也有類似的情形，他們會到處向人說明他曾經的經歷，而且這種經歷越是坎坷，越是急切地想表達出來。在這個過程中，他們甚至會添油加醋，極力誇大，說出他們的經歷。自憐，實際上是人的一種習性。

　　在生活中，我們也經常遇到這樣的情形：有人喋喋不休地向你抱怨，而你很沒有耐心；你正愁手頭的工作無法完成的時候，上司又安排了一項重要任務給你；你人手不足的時候，有人突然向你請假……面對這種情況，如果我們直接反對，向他人表示：「不，這樣不行。」恐怕這不是最好的辦法。但如果我們換一個策略，採用同情他人意願的原則，向對方說：「是的……，但是……」這樣效果會明顯不同，可能會出現一個意想不到的結局。

　　因為，你首先對別人的要求或者意願表示了認可，這等於你滿足了對方的心理，接著又講出了自己的意願，讓對方面對兩種情況，自我選擇。

　　在這種情況下，只要對方是一個通情達理的人，都會做出讓你感覺舒服的選擇。

　　站在對方的立場上，理解對方的意願，這是有效溝通的一種手段。

讓溝通從稱讚及欣賞開始

> 稱讚是全世界最美的言語，發揮嘴巴的功效，將最美的言語送到別人的耳朵裡，這樣，別人才能將耳朵放進你的手中。

在創業初期，我經常到國稅局、銀行等機構為公司奔波忙碌。特別是在國稅局，替我辦事的服務人員，因為一整天面對太多瑣碎的事情，態度都不是很好，辦事效率很差，辦一張營業執照，都要跑好幾次。

這次，按照約定的時間，我再次光臨了服務櫃檯，看到了那個熟悉的面孔（此前已經接觸了三次）。我問：「小姐，你在這做多久了？」

她用疑惑的口氣說：「做了4年了，有什麼問題嗎？」

一開始她顯出一副很不耐煩的樣子，我對她說了一句話，我說：「今天我有一個重大的發現——我發現你是工作最認真、長得最漂亮的女員工。」

當我說完這句話，我發現她的眼神立刻變得非常有精神。隨即，她很高興地跟我說：「你太客氣了。」

短短五分鐘，她就辦完了所有的手續，並承諾關於稅務方面的問題，可以聯絡她的一個同學。

第一章　如何做到優質溝通

在她的引薦下，辦理事務非常順利。

很多人都是很吝嗇稱讚別人的，所以大部分人也就聽不到對自己的稱讚。假如你經常和別人說：「你今天看起來真漂亮！」、「你看起來紅光滿面！」這樣會讓別人非常喜歡你的。

這種方法似乎太明顯了，但所用的心理學原理卻是很巧妙的。女人不會拒絕甜言蜜語，因為出發點是你的稱讚和欣賞。

理髮師在替人修容之前，總是先塗肥皂水，這樣不僅能夠順利完成修容任務，還能夠引起客人在生理和心理上的留戀。

對男人而言，修容並不是一件簡單的事情，甚至被很多人認為是一種負擔。

但理髮師卻能夠輕鬆解決男人的修容問題，塗上肥皂水有潤滑的作用，簡單的肥皂水能夠讓令男人煩心的事情變成一個享受的過程。

當聽到別人對自己的優點的稱讚以後，再去聽一些逆耳的話，會樂意接受原本牴觸的話。如果想說服他人，應該首先從由衷地稱讚和真誠地欣賞開始。

一個賣家具的朋友和我說了這樣一件事：

他的一個業務員在為一個人介紹業務的過程中，將柞木與榆木材質的辦公用品的報價弄錯了，直到簽訂合約、拿到預付款才發現。柞木與榆木的價格，一立方相差百元左右，這意味著朋友要損失一筆不少的錢。

> 讓溝通從稱讚及欣賞開始

面對著無緣無故的損失，朋友發火是當然的了。

當他要發火的時候，想到了一句話：「無論什麼人，受鼓勵而改過，是很容易的，受責罵而改過，是不大容易的。」這個業務員是一個頭腦靈活、踏實勤奮的小夥子，朋友不願意傷害此人的感情——他一定不能打擊業務員的熱情，但他不得不說「不」。

注意他的方法：「你的業務能力非常出色，這單生意談得非常順利」，朋友繼續說道，「很少有業務員能夠在談判方面如此順利，在短短的十幾分鐘之內讓客戶簽訂訂單。但是，這次業務出現如此特殊的問題，合適嗎？從你的立場來說，你簽單的效率無可挑剔。但我必須要從公司的效益來考慮，現在，我要告訴你，要扣發你這個月的獎金。」

業務員按照朋友的話做了。後來，這個人成為朋友手下的金牌業務員。

不可否認，這個業務員犯的絕對是嚴重的錯，有的時候，這種錯誤甚至會毀掉一個公司，但請注意在談到問題的嚴重性之前，他首先稱讚他。

這個嚴重的錯誤，造成了很大的損失，但朋友沒有直接斥責他，而是用委婉的口氣對待他。

朋友說：「指責是一件很容易的事情，但真的有效果的指責卻很難得。」

人們總喜歡聽到來自別人的讚賞，會滿足自己的虛榮心，

第一章　如何做到優質溝通

卻總是忘記了別人也需要讚賞。

在社交場合中，改變他人最重要的步驟是從世界上最美的言語開始，發揮嘴巴的功效，將最美的言語送到別人的耳朵裡。

有一個朋友，總是抱怨婚姻生活平淡如水，毫無波瀾，拉著妻子的手，就像是自己的左手拉著右手。以前總是能聽到來自妻子的讚賞：你真是一個優秀的老公，知道如何疼愛我……可是，如今，再也聽不到妻子的任何讚美，妻子的眼中也沒有任何對自己留戀的眼神。

我對他說：「你只想聽到來自妻子的讚美，你讚美過你的妻子嗎？」朋友恍然大悟。

過了幾天，朋友見到我，告訴我一個消息：國慶連假他們準備去度假！

如果朋友繼續用「左手拉右手」的方式，能有這樣的結果嗎？要想幸福的生活，就要給予對方認可，多看優點。

心理學家佛洛伊德說：「夫妻之間要做的事情都起源於兩種動機：性的衝動和成就偉大的欲望。」

記住這句話──性的衝動和成就偉大的欲望，這是非常重要的。歐・亨利的小說《善良的騙子》（The Gentle Grafter）中有這樣一個故事情節：

婦人又忙碌了一天，身心疲憊。她的丈夫在客廳裡大呼小叫：「已經到了吃晚飯的時間了，為什麼我在桌上什麼都沒有看到？」

> 讓溝通從稱讚及欣賞開始

憤怒的她在丈夫面前放下一大堆草。她的丈夫質問:「你是不是發瘋了?」

婦人回答說:「啊!我怎麼知道你注意了?我為你做了20年的飯,在那麼長的時間裡,我從未聽見一句話讓我知道你們吃的不是草!」

讀過這本小說的人在複述這個故事的時候,都對這個情節記憶猶新。美國亞利桑那大學有個教授在讀完這本小說後寫道:

好好地讚賞與你距離最近的人,她做的排骨湯很新鮮,我非常喜歡吃,我這樣告訴她:「你的排骨湯做得棒極了,我希望不久之後你可以教教我,讓我做給你吃。」

這句話讓我的妻子非常高興。

我想說的是,每個人都喜歡被人欣賞和稱讚的。

美國著名心理學家梅奧認為,一個正常的成年人,所需要的是——

健康;

食物;

睡眠;

性生活的滿足;

自重感。

所有的這些需要差不多都能滿足——唯獨一種欲望,差不多同食物或者睡眠的欲望一樣迫切,卻常常難以得到滿足,就

027

第一章 如何做到優質溝通

是「需要別人的欣賞」。

佛洛伊德的需求層次論與梅奧的觀點，都提到了一點：需要被認可。需要被認可，不僅僅是人所迫切需要的，包括動物，也需要認可，只是滿足的方式不同而已。

安德魯·卡內基的父親威爾·卡內基是一位紡織亞麻格子布的紡織工人，母親瑪琪則以縫鞋為副業。

「我成長在一個繼承了自豪、自立、自尊光榮傳統的家族。」安德魯·卡內基在自己的回憶錄中這樣寫道。

我的父親經常在美國東海岸的市場上展覽他親自紡織的布匹，父親作為工人時，曾經得到過 6 枚獎章 —— 儘管獎章只是一個毫不起眼的用布匹縫製的圖案，但我父親依舊樂此不疲。每次，當有朋友或者客人來訪的時候，他就取出這些圖案，他抓住一端，讓我抓緊另一端，展示給眾人看。包括我的母親，她也經常講一些她在為別人縫鞋時發生的開心事情給我聽，他們非常在乎這些微不足道的小事帶給他們的被認可感。

正是這樣一種被認可感，激發了一個毫不起眼的青年在人生的道路上一步一個腳印，後來管理起一個龐大的企業。

被認可是人性中最深的需求。人們對於滿足這種人性的需求的渴望程度絲毫不亞於在飢渴時對喝到沁人心脾的可口可樂、飢餓時對吃到可口的肯德基的渴望。

設身處地，你需要別人的認可，別人同樣需要來自你的肯

定。既然這樣,何不找一些理由去認可別人,充當人際溝通的潤滑劑呢?

有記者曾經追蹤報導了德克薩斯州家喻戶曉的盜竊案,作案手法非常先進,每一個細節都讓德克薩斯州的警察費解。

警方布下天羅地網,終於在一週之後將該小偷捉拿歸案。

該名記者負責全程報導。後來,《德州報》花去整整三版的版面來報導他的作案手法,讓市民驚呼:這簡直是科學家與小說家的合體!

文章的最後寫上這段話:

一個科學家與小說家的結合體!心思如此縝密、手法如此科學、風格如此獨特的小偷 —— 不,我寧願稱他為科學小說家!如果他不做竊賊,或許從事任何一個行業,都能走進德克薩斯州的名人堂!

十年後,記者接到一個電話:「希望你可以觀看今晚七點播出的訪談節目。」

他如約坐到電視機前。

電視裡一個文質彬彬的人坐在訪談室中,記者感覺他的長相很熟悉,但沒有想到他是誰。直到主持人說了這句話 —— 十年前,他曾是德克薩斯州家喻戶曉的大盜 —— 如今,他已經成為三家餐廳的老闆。

所有這一切的改變,都來自記者的那段話。

第一章　如何做到優質溝通

如果沒有他對大盜的認可和期盼，恐怕也就沒有如今的事業和成就。不難看出認可對一個人的重要性。

人性渴望被認可，渴望自己在他人心目中占有一個位置，並且位置是越重要越好，這是一種需要被對方欣賞的心態。因此，在人際溝通中，你要想得到對方的認可，那就從滿足對方的這種心理需求開始 —— 真誠地欣賞對方。

在家庭生活中同樣如此，你身邊的人是最需要你欣賞和認可的人 —— 他們是每一天陪你吃飯、睡覺，讓你不孤單的人，十幾年之後，幾十年之後，只有他們能陪伴你左右。

忽略了對身邊人的欣賞，是你最大的損失；忽略了讓身邊人欣賞你，同樣是很大的損失。

你需要知道，讓你身邊的人知道你確實很欣賞她（他），這是保持家庭生活幸福、增進雙方感情的有效辦法。

「女為悅己者容」，這裡的悅己者，就是認可自己和自己認可的人。婚後的生活，讓所有的男人忘記了他當初追求她是出於何種動機，讓所有的女人忘記了，她當初信任他、崇拜他、依賴他是一種什麼樣的感覺。

真誠地欣賞對方是每個人都能做到的事。因此，對於那些仍然以質疑的口吻說「我一無所有」的朋友，請給予身邊人最真誠的、發自內心的認可。認可是一種神奇的力量，能讓你生活得更順暢。

來一招「蒙娜麗莎的微笑」

> 想要別人喜歡你,和你成為朋友,首先就要對別人微笑,發自內心地真誠地微笑。

大人好像是一種不會笑的動物。

隨著學習、生活、工作壓力的增大,大人臉上的微笑日漸稀少。

不久前的一項調查顯示,超過六成的人從不會主動對陌生人微笑;超過八成的人表示,主動微笑越來越少。但是他們都認同——很高興看到別人的微笑。

微笑是相互傳遞的,需要一種互動。毫無疑問,微笑傳遞的是一種幸福感,而這種幸福感是可以「傳染」的。

幾年前,一位老同學來臺北參加投標。作為老朋友,我理所當然要帶他去觀光。朋友忙完之後,特地向公司請了三天假。

那天,當我和老朋友剛走出電梯,大廳的保全看見我,敬了一個標準的軍禮,並搶在我們的前面,熱情地拉開了門。我們出門的時候,保全提醒我們,盡量錯開上下班尖峰。我微笑著向他點頭致意。

晚上回飯店的時候,保全又敬了一個標準的軍禮,熱情地為我們開了電梯。老朋友感到奇怪,問我是不是認識保全。

第一章　如何做到優質溝通

我搖搖頭。朋友更加奇怪了，說：「保全不認識你，怎麼對你這麼熱情呢？我住這家飯店有好幾天了，都沒有享受他這麼熱情友好的待遇啊？」

我說的確不認識，朋友有些不相信。

我回過頭來認真地想想，確定自己不認識他。可他對我真的很熱情，其他客人下樓，進出大門，我沒看到他為其他客人如此服務，怎麼偏偏對我這麼客氣呢？我感到奇怪，難道他是認錯人了？

這天，我們從樓上下來，保全見我們走出電梯，滿臉微笑地接待我們，把門拉好，等著我們。朋友忍不住，對保全開了一句玩笑：「你對我朋友的服務這麼周到，他不會給你小費了吧？」

保全笑著說：「不，我們飯店有規定，拒絕收小費。」

朋友問：「那你為什麼對我們格外熱情？」

保全靦腆地笑了，說：「第一次為這位客人服務時，他微笑著看著我，並表示感謝。這讓我很開心，樂於為你們服務。」

我突然想了起來，第一次走進飯店的時候，我遇到了一件很開心的事情，心情很高興，於是一直向保全微笑。

我沒有想到，我這麼一個小小的舉動，居然讓保全這麼快樂，並給予我們最好的服務。

面對別人的服務，我們只要用微笑表示認可、感謝，就有可

來一招「蒙娜麗莎的微笑」

能享受上帝般的待遇。

我有一個在俄羅斯長大的朋友,是個足球迷,2010年南非世界盃時,隻身一人去南非看球。

去之前,我提醒他,在經濟上,南非是先進國家中的開發中國家;在治安上,南非是開發中國家中的落後國家。言下之意,提醒他,南非的治安很混亂。

他似乎並不在意。

觀看南非世界盃期間,不斷傳來有人被搶的消息,我很擔心朋友的安全。

一個月之後,朋友安全地從南非回來,我去機場接他。

見到他之後,我問:「看來你很安全,沒有被搶劫。」他搖搖頭,告訴我他被搶過。

他說,去的第九天,他被搶過,自己當時沒有帶現金。我問,他們打你了嗎,朋友搖搖頭,回答說,沒有,因為我一直對他們微笑著。

我說,他們搶劫你,你還對他們微笑?

朋友說:「全世界除了媽媽這個詞語的發音是通用語之外,還有一種通用語——微笑。」

朋友很聰明,用微笑化解了衝突。

人際溝通的過程中,真誠的微笑傳遞著一種友善的訊號:

第一章　如何做到優質溝通

我喜歡你，你讓我快樂，我喜歡看到你。

這就是為什麼狗讓人喜歡的原因。狗是一種最喜歡「微笑」的動物，見到你的時候，牠們會熱情地搖動著尾巴，在你的身邊打圈圈，蹭來蹭去，由此來表達他們的感情。這種「微笑」是很真誠的，很自然的，因此，我們喜歡看到牠們，並用愛心去餵養他們。

出自真誠的微笑才能夠打動人，才能夠傳遞友善的訊號。虛情假意的笑是不是也有此功效呢？

美國心理學家瑞蒙・卡特爾（Raymond Cattell）經過研究，得出：虛情假意的微笑絕對是騙不了人的，那種笑容是機械、僵硬的，只會讓別人看了感覺到厭惡。

表面上看來，動作表現是隨著情緒變化而生的，事實上它們兩者是相依相存的。需要有技巧地引導我們的情緒，然而情緒都是非意志所能控制的。所以，如果你希望享受到快樂，唯一要做的事就是挺直腰桿，精神抖擻地坐起來，表現出一副快樂的模樣。

在人際溝通中，只有發自內心真誠地微笑，才可能在人際關係中引起友善的迴響。

微笑是人際溝通中的潤滑劑，凡是經常面帶微笑的人，往往更能將別人吸引住，會使人感到心情愉快。一個人真誠地微笑往往比言語更能表達出一個人的心理活動。

來一招「蒙娜麗莎的微笑」

一部電影中，有個啞巴角色，他不會說話，卻能夠用真誠的微笑打動很多電視觀眾，讓人們記住了這個演員。

當他向別人微笑的時候是在傳遞一個訊號：「我很喜歡你，請不要拘束，有什麼就說什麼。」這種無聲的言語，感染了電視機前的千萬觀眾。微笑這種行為，能勝過任何感動的言語。

然而，現實中的很多人，為了保持自己的威嚴，板起面孔，冷若冰霜，尤其是一些長官、老闆。其實，板起面孔不會讓別人更加尊敬你，只會讓別人遠離你。

不管是誰，都要學會輕鬆地微笑，因為微笑能使自己放鬆。微笑不會讓你自降身價，只會讓你尋求到更多的快樂。

世界名畫〈蒙娜麗莎〉散發出一種永恆的魅力，吸引著越來越多的人去研究它。

如果你希望別人很高興見到你，你必須高興地會見別人。

記住雷蒙德的這句話：

每天早上外出的時候，抬頭挺胸，在陽光下深呼吸，投入全部的精力對朋友微笑。不要覺得對別人微笑是低三下四。在你心中確定你行動的目標，然後，帶著微笑，直奔目的地。

人性的缺陷讓我們失去了微笑的動力，卻不能使我們失去微笑的本能。如果你忘記了微笑，等於浪費了你嘴角的弧度，浪費了臉部肌肉。

第一章　如何做到優質溝通

讓對方一開始就說「是」

要實現有效溝通，讓對方一開始就說「是」。

在我居住的地方附近，有一家獨立書店，書店的地理位置並不太好，主要是以租書為主。書店的主人是一個高中歷史老師，視書如命，裡面的書主要為歷史方面，古今中外的歷史資料很足。

這天，我突然想看一下關於英國圈地運動方面的詳細資料。於是，我走進了那家書店，準備租來看。

書店的老闆聽過我的詢問之後，表示非常遺憾，他的書店已經不做這種服務了。然後他問我，是否以前向店裡租借過。我回答：「是的，在兩個月前我還租借過一次。」他提醒我，那時一本書的租金是否在 10 元到 50 元之間。我又回答：「是的。」

接下來，他問我是不是個喜歡讀書的人，我當然回答：「是的。」

他解釋說，他們正好有一本關於圈地運動的書在賣，裡面的資料很詳細，總價才 100 元。也就是說，我只需多付幾塊錢便不需租借，可以直接擁有整本書。他解釋說，這就是他們店裡不再辦理租書的緣故，因為那樣太划不來了。

後來，我很高興地購買了我所需要的書籍，並且還購買了

讓對方一開始就說「是」

額外的其他東西。

從此以後，我成了他們店裡的常客。

這個老闆很聰明，讓我在潛意識裡避免說出冰冷的「不」，而他則讓我在說「是」的過程中，實現了預期的溝通目的。

人性中，「不」屬於反抗心理，當一個人說「不」，並潛意識裡有這種意思的時候，他的反抗心理比說一個「不」的反應要大得多。在潛意識的支配下，神經系統和肌肉會收縮，形成一個拒絕的狀態。就像是刺蝟一樣，在接近一個物體時，接收到物體回饋回來的不友好的訊號，它就會本能地收攏身體以自衛。

反過來說，一個人說「是」的時候，潛意識裡處於一種興奮的狀態，神經系統和肌肉處於接受、開放的形態。這個時候，人的防禦能力大大降低。因此，在開始的時候，我們能引起的「是」越多，我們越容易進行有效溝通。

首先獲得「是」的反應，是一種極其簡單的方法，然而，這種方法卻常常被人忽略。

我的外甥是一個很聰明的孩子，最近他看上了一支價值不菲的玩具狙擊槍，他的爸爸媽媽擔心他會用槍傷到人，同時，擔心玩槍會讓他有暴力傾向，為此，一直拒絕為孩子購買。

然而，外甥卻整天哭鬧，甚至透過拒絕上學、拒絕考試的手段進行抗議。這天，他來我這裡玩，又想到了這件事，開始哭鬧。小傢伙的心思我很明白，他是寄希望於自己的舅舅身

第一章　如何做到優質溝通

上,希望舅舅能夠幫他實現願望。下面是我和他對話的過程:

我說:「你非常喜歡狙擊槍對不對?」

他點點頭,說:「是。」

我說:「有了狙擊槍你就可以在你的小夥伴面前炫耀了,對不對?」

他說:「是的,俊文也有一把,但是我沒有。」

我說:「俊文的狙擊槍是用自己存的零用錢購買的,是不是?」外甥點點頭。

我說:「這把玩具槍屬於計畫外的玩具,需要你自己存零用錢購買。從今天起,你要注意節約用錢,等你用自己存的錢購買狙擊槍的時候,你在你的朋友們面前就會更有面子,是不是?」

外甥點點頭。

此後,他再也沒有提過購買狙擊槍的事情了。

要實現有效溝通,當你與別人交談的時候,不要先討論你不同意的事,而是要強調,同時不斷地創造兩個人之間的相同點,增加讓對方說「是」的機會,而且不停地強調你所同意的事。因為兩個人的溝通過程,是在為同一個結論而努力,所以你們的不同之處只在方法,不在目的。

人的反抗心理,使人在說「不」的方面反應很強烈,這是最難克服的障礙,一旦說了一個「不」字之後,人的自尊就會迫使

| 讓對方一開始就說「是」

人繼續堅持下去,增加逆向的可能性。

如何讓對方一開始就朝著肯定的方向做出反應,這對你的結果是很重要的。

懂得說話技巧的人,會在一開始就得到許多「是」的答覆。

問些對方同意的問題,然後漸漸引導對方進入設定的方向。對方只好繼續不斷地回答「是」,等到他察覺時,兩個人之間的溝通已得到你設定的結論了。

打消別人不同的意見時,首先要問一些溫和的問題——一些能引起別人做出「是」的反應的問題。

很多人認為,人際溝通的過程中,從一開始便提出相反的意見,這樣不正好可以顯示自己的重要和有主見嗎?

但事實並非如此。

人的思想和物體的運動一樣,存在著極強的慣性,當朝某一個方向思考問題時,你就會傾向於一直考慮下去,這就是有些人一旦沉醉於某些負面的想法之後,就難以自拔的原因所在。思維的慣性讓人在進入一種思維之後,很難能夠把持,會不由自主地陷入一種結論中。

在人際溝通中,要懂得並運用這一原理。與人就一些事情討論時,不要一開始就將雙方的分歧擺到桌面上,而應先討論一些你們有共同觀點、相同意見的東西,讓對方不斷說「是」,讓逆的意見轉為順的意見。漸漸地,你開始提出你們存在的分

第一章 如何做到優質溝通

歧,這時對方也會習慣性地說「是」,他的思維傾向於一種慣性,一旦他發現之後,已經很難控制,只好繼續說下去。

懂得溝通技巧的人,會讓對方在開始就說許多「是」,這是最有效的招數。

第二章
優質的溝通需先交心

　　人是群居動物，人性使然，注定人類普遍需要關心，兒童展示他所受到的傷害，來獲取他人的關心。同樣的道理，成年人會敘述他們的疾病，特別是動手術開刀的詳情，目的只有一個 —— 獲得對方的關心。這是一種自憐，是人性的需求。

第二章　優質的溝通需先交心

把向下的手掌伸向對方

要實現有效溝通，首先要真誠地關心他人。

眾所周知，德國是發動兩次世界大戰的罪魁禍首，所幸的是，德國國民能夠正確反思這段歷史，而且特別重視對孩子愛心的教育。

在孩子剛剛學會走路時，德國家庭會特意為孩子飼養寵物，比如小貓、小狗等，讓孩子在親自照顧的過程中，學會細緻入微地關心、愛護小動物。

德國的孩童入學後，會透過勤工儉學的方式賺取零用錢，用來領養動物園裡的動物，或捐款拯救瀕臨滅絕的動物。

對虐待動物的孩子，輕則會對其進行教育、訓斥，嚴重的會受到家長的責罵。如果效果不明顯，會被送去做心理治療。因為在德國人看來，這是比學習成績下滑更為嚴重的品德問題。

德國人在這方面的教育絕非是小題大做，越來越多的德國人意識到：只有真心關心動物的孩子，長大後才能真心地關心他人，從而更好地處理好人際關係。

德國人的善良教育已經影響了整個歐洲，甚至整個世界。

這傳達著一個訊號：處理好人際關係，需要真心地關心他人。

做一個小測驗：

> 把向下的手掌伸向對方

自然而然地伸出你的手,觀察你的手掌是向上還是向下?

手掌向上表示「拿來」;手掌向下,則表示「給」。

人性的弱點,讓我們習慣於「拿來」,而不喜歡「給」。

人際溝通的場合中,關心他人與其他人際關係的原則一樣,必須出於真誠,人的本質是愛的相互存在。被人關心是一種美好的享受,關心他人是一種高尚的品德。

然而,如此簡單的道理,往往被我們忽略。

有這樣一個故事:

老闆派了同樣的任務給三個員工:「我的頭有點痛,找出至少30種治療頭痛的藥物資料,盡快拿到我的辦公室來。」

這個簡單的任務布置下去之後,三個人立刻開始工作。第一位在辦公室裡打了電話給所有的藥局,中午的時候告訴老闆:「治療頭痛的藥,市場有50多種。」然後逐一彙報。

第二位員工騎著腳踏車跑遍了市內的所有藥局,臨下班時氣喘吁吁地出現在老闆的辦公室裡,說:「我把市裡的藥局全問遍了,治療頭痛的藥有31種。」然後逐一報出來。

第三位員工沒有上網或打電話,只是簡單地跑到附近的藥局,買了一盒頭痛藥給老闆。

這裡提醒一下,接到任務的時候,他問了一句:「您發燒嗎?以前有過這種症狀嗎?」

第二章　優質的溝通需先交心

老闆搖搖頭。

幾天後，第三位員工被提拔為老闆的助理。

這位員工只是出自真心的關心，甚至沒有完成老闆交代的任務，卻把握住了升遷的機會。

這就是關心別人的魅力所在。

人是群居動物，人性使然，注定人類普遍需要關心，兒童展示他所受到的傷害，甚至會故意傷害自己，來獲取他人的關心。同樣的道理，成年人會敘述他們的疾病，特別是動手術開刀的詳情，目的只有一個──獲得對方的關心。這是一種自憐，是人性的需求。在溝通交際的過程中，你必須先去關心別人，要不然別人怎麼會去關心你、對你產生興趣呢？社交場合中，用盡心機，只是為了引起別人的注意，留下印象給別人，這樣不可能交到真心、誠懇的朋友。

雪中送炭比錦上添花更實在，更有影響力。因為雪中送炭是出自真誠的關心，錦上添花則失去了這層意思，還會增加一層巴結的含義，儘管兩者付出的代價是相同的，效果卻完全不同。雪中送炭交上的是真心的朋友，錦上添花則不具備這種效果。

只有你真正關心他人，才能贏得他人的注意、幫忙與合作，即便是最忙碌的重要人物也不例外。

想結交朋友，首先就要把手掌朝下，要先為別人做些事

把向下的手掌伸向對方

情——那些需要用心，花費時間、精力、情感的事。

與陌生人成為朋友，最快的方式是關心他，發自內心地關心。

社交中，記住別人的生日，記住別人的愛好，偶爾詢問別人的住所、工作或對未來、對人生的看法，並真心地幫助別人。

想改善自己的人際關係，就要克服自己人性的缺陷，將「拿來」放到後面，將「給予」放在前面。如果你想讓別人手掌向下「給」你，想獲得他人的關心與幫助，那你得做到一點：首先把向下的手掌伸到對方面前，去關心他人。一個自私、小氣，只懂得讓別人關心的人，怎會贏得他人良好的回報？

如果我們想結交朋友，就要先為別人做些事情——那些需要花時間、精力、情感、奉獻才能做到的事情。

你需要記住下面的話：

倘若我們的付出只是為了引起別人的注意，想表現自己的能力，只是想使別人看到你，而不是去真誠地關心他人，那麼你就永遠不會有很多真誠的朋友，你也將不會受到他人對你的歡迎。

你想結交朋友，想讓他人喜歡你，那麼在你向人表達情意時，一定要熱情、真誠。

像妝點外在一樣妝點內心，像關心自己一樣關愛他人……

第二章　優質的溝通需先交心

當我們愛別人時，我們就得到了愛

要讓別人喜歡你，首先要去真心地喜歡別人。

握手，是人際溝通中常用的方式，初衷是為了向別人表示友好和接納。握手的禮節起源於中世紀的歐洲。當時是騎士俠客盛行的年代，每一個人都是頭頂銅盔，身披鎧甲，腰掛一柄利劍，讓人敬而遠之。

可是見了親朋好友則不能這般冰冷待人。為此，他們將左手縮在鎧甲裡，右手解放出來，表示友好。

握手的效果並不一致，不同的握手可以給人完全不同的感受。

習慣常見的握手方式應該是：右手（握手習慣是用右手）向前稍下伸出，迎接對方伸出的手，然後兩手虎口接觸，手掌緊貼，有力地握住對方伸出的手，小幅度但俐落地上下晃動幾次。

除了常見的握手形式，還有幾種比如指尖式、死魚式等，但任何一種握手方式，都需要建立在雙方都伸出右手的基礎上才能完成。即所謂的禮尚往來。

以前的一個同事，進入公司三個月之後，選擇離開，我算是和他關係比較好的，理所應當去送送他。

離開的時候，他問我：「為什麼你們所有的人都不喜歡我？我走了，想聽你說實話。」

當我們愛別人時，我們就得到了愛

直來直去的問題，我不知道該怎麼說。「你先回去吧！當面說很彆扭，我等會傳訊息給你。」我找了這個託辭。

後來，我在訊息中這樣說道：「不是大家不喜歡你，是你不喜歡大家。」

人與人之間的感情是人類能夠進步的基礎，也是我們與他人交往的橋梁，更是衡量一個人是否成熟的依據。人際溝通中，最重要的不是別人喜歡不喜歡我們，而是我們值不值得別人喜歡。

走在大街上，一條小狗與你對視的同時，熱情地搖了搖尾巴。相信見到這一幕，你也會很高興，如果能夠停下腳步拍拍牠的腦袋，相信牠會對你表現出更大的熱情。牠對你搖尾巴，是在告訴你，牠是多麼喜歡你。你拍拍牠的腦袋，同樣是傳遞出這樣的資訊：我也很喜歡你！

然而，如果你見到一隻可愛的小狗，想上去摸摸牠，卻遭到牠的抗議，對你齜牙咧嘴，相信牠在表現出這些舉動之後，在你心裡，牠可愛的形象蕩然無存。

這是常識，心理學的常識。

生活中，握手的舉動需要建立在兩隻手的基礎上才能夠實現，友好的氛圍同樣需要彼此共同的努力才能夠實現。

你想讓別人喜歡你，對你感興趣，首先需要你喜歡別人，對別人感興趣。如果你喜歡周圍的人，相信短短的幾個月的時間內，你會結交身邊所有的朋友。

047

第二章 優質的溝通需先交心

然而，很多人一直都在用錯誤的方式與別人交往——除非你伸出你的右手，否則我們就沒有可能握手。

人們不會去喜歡你，也不會去喜歡我，他們只會喜歡喜歡他們的人，喜歡與喜歡他們的人握手。

當你看到一張大合照時，你首先要在照片中尋找的人是誰？「我！」

其次呢？

其次是照片中的誇獎我好看的人，我會主動去尋找別人所在的位置，同時會回饋一段同性質的話——通常是讚揚的話。

如果我們只想讓別人喜歡我，我們將永遠不會有真正的朋友。

心理學家阿德勒（Alfred Adler）在他的著作《生活對你的意義》（*What Life Should Mean to You*）一書中寫過這樣的話：「不喜歡別人的人，在生活中遇到的困難最大，對別人的損害也最大。人類的所有失敗，都發生在這類人之間。」

在競選總統之前，林肯是一個普通的律師。

有一次林肯負責一個棘手的案子，他的對手是頂尖律師道格拉斯，曾經為很多人成功地辯護。林肯處於被動，他想得知對方的一些證據，於是主動靠近道格拉斯。

道格拉斯毫不留情地嘲笑他：「你的臉真夠長的，一分為二的話，前後面都能遮住。」說這句話的意思是嘲笑他是個雙

當我們愛別人時，我們就得到了愛

面人。

林肯回答說：「要是我有另一副面孔的話，我還會戴這副難看的面孔嗎？」道格拉斯冷笑了幾下。

林肯說：「如果我有你的這副面孔，我想當總統的願望早就實現了。」這句話成功地拉近了兩個人的距離，透過短暫的交談，林肯基本掌握了對手的情況。

最終，林肯成功地贏了這件官司。

林肯真誠地向他人求教，表達了對對方的喜歡，從而為自己爭取了有利條件。這正是林肯受歡迎的一個祕訣。

競選總統時，林肯作為共和黨的候選人，與民主黨的卡特萊特進行激烈的競爭。

卡特萊特是位牧師。為了戰勝林肯，他利用自己的有利地位，大肆攻擊林肯不承認耶穌，甚至誣衊過耶穌是「私生子」的事情，導致林肯在美國公民中的威信大大降低。

林肯胸有成竹，決心挫敗對手。

這天，林肯獲悉卡特萊特又要在教堂作布道演講了，就按時走進教堂，虔誠地坐在顯眼的位置上。卡特萊特一走進教堂，便認出了林肯，心裡一陣竊喜，認為羞辱林肯的機會來了。

卡特萊特的演講進行得很順利，進入高潮時，他突然對信徒們說：「願意把心獻給上帝，想進天堂的人請站起來！」

信徒全都站了起來，唯獨林肯沒站。「請坐下！」卡特萊特

第二章　優質的溝通需先交心

接著說：「所有不願下地獄的人站起來吧！」教徒們又霍然站起。林肯又未站起。

這時，卡特萊特用特有的威嚴而又充滿挑釁的聲調問：「大家都願意把自己獻給上帝而進入天堂，我又看到除一人例外——他就是大名鼎鼎的林肯先生，兩次都沒有做出反應。林肯先生，你到底要到哪裡去？」

林肯從容地站起來，面對卡特萊特平靜地說：「我是以一個耶穌的信徒的身分來這裡的，沒料到卡特萊特教友竟單獨點了我的名，不勝榮幸。我認為，卡特萊特教友提出的問題都是很重要的，他直截了當地問我要到哪裡去，我願用同樣坦率的話回答：『我要到國會去。』」

接著，林肯誠懇地說道：「耶穌在布道時，告訴虔誠的信徒們，『當我們愛別人時，我們就得到了愛』，這一直是我人生的信條。」

在場的教徒們被林肯雄辯風趣的言語征服了，甚至忘記了自己身處教堂而熱烈地鼓掌。卡特萊特望著這場面，十分狼狽。

尊重別人的意見

尊重別人的意見，切勿直接對對方說：「你錯了！」

去年發生的一件事，我有很深的印象：

週末，我和妻子去她父母家吃飯。正在吃飯的時候，我談到一條高速公路的修建又中斷了，我說：「真是不可靠。」

但岳父的反應則很高興，說：「那條高速路根本不該修，它破壞了很多珍貴的古蹟。」

考慮到修建高速公路之後，我每天上下班就會方便很多，沒有這條高速公路，我上班需要花一個多小時。想到這裡，我說：「那條路即便不該修，也必不可少，因為現在汽車數量是十年前的四倍之多。」

岳父又補了一句：「你們這種想法，只考慮節省行車時間，完全不顧傳統文化的繼承和發揚。」

我頓時失去了耐心，說：「你們這代人，思想太保守，往往會阻礙現代化的發展。」

我剛剛說完這句話，岳父「霍」地站起，說：「我想你沒必要在一個思想保守、阻礙時代進步的人家裡吃飯吧？」說完轉身而去。

我很後悔我當時的反應。

第二章　優質的溝通需先交心

　　我真願這件事從未發生,如果我知道這話題對他如此敏感,我完全可以換種說法,避免這場不快。當時,我只需要保留自己的意見,就完全可以避免衝突。

　　後來的結果,我花了五千多塊錢,買了六瓶好酒,登門謝罪。

　　無論在何種情況下,尊重別人的意見既是個人修養的體現,也是有效溝通的手段。至少,沒有因為與別人的意見相衝突而發生爭論,浪費不必要的時間和精力。

　　比如,同事問她新買的衣服怎麼樣,你首先要做的是肯定這件衣服,儘管實際上根本就不是很適合她。從表面上看,她是在徵求你的意見,實則是在讓你肯定她的選擇。

　　你可以說「這件衣服很潮,你在哪裡買的?我也想去買一件」之類的,表示尊重的意見。

　　你的話,或者說你的認同會讓她很有成就感,心裡很舒服,當然,也就會與你保持好的關係。如果你發表意見,表示衣服不適合她,或者衣服不怎麼樣的時候,她的心裡會很反感,弄不好會在背後說你沒有眼光,不懂得欣賞。

　　有一次,市長到公司參觀。上司吩咐公司人員都要穿制服,平時很多辦公人員都沒有穿。為了完成這個事情,老闆還下了命令。

　　然而,有一個同事卻忘記了。這天,上司來檢查的時候他

| 尊重別人的意見 |

沒有穿。老闆以責備的口吻說:「你為什麼沒有穿?」

同事說:「制服很難看。」

很顯然,這句話在無形中已經觸犯了上司的權威。這句話一出,上司的臉色就難看了。

同事當時完全可以說疏忽了或者忘記了,而不是說「制服很難看,我不想穿」,這是直接否定上司的權威,不尊重上司的建議。後果是什麼?大家可想而知。

需要補充一下,上面提到的同事徵求的著裝如何的問題。即便她否定自己,你也不能表示否定。

比如,「我覺得我昨天剛買的這件衣服醜死了,領口太寬、顏色不鮮豔,你看呢?」

這個時候,你不能尊重她的意見了,而是要否定她的意見,你可以說:「我並不這麼認為,衣服好不好看,不是衣服本身能夠決定的,而是由穿衣服的人決定,我倒是覺得你穿著很好看。」

這句看似恭維的話,會發會很正面的作用。

人際溝通中,當你的意見與對方出現分歧時,你是堅持自己的意見、否定別人的意見,還是考慮一下他人的想法?

人性是自私的,對於與自己潛意識裡相衝突的東西,首先想的是「殺死」對方與自己相衝突的部分。這種人性潛意識裡的缺陷,對人際溝通往往產生不利的影響。

第二章 優質的溝通需先交心

在日常交流溝通的過程中,很多人在人性的示意下,往往會優先選擇前者,尤其是一些身居高位者,在面子心理的支配下,容易否定別人的意見,肯定自己的意見。

然而,這種否定他人,肯定自己的行為,一方面於己不利,因為如果他人的意見對了,可是你沒聽取,那你就得不到正確的資訊,也無法獲得正確的結果;另一方面,則會直接傷害他人,因為你不尊重他人的意見,也就傷害了他人的自尊心,造成人際關係上的負面影響。

因此,在面對衝突的時候,首先要明白,幾乎在所有意見衝突的場合,雙方論點都有某些合理之處。在「沒有贏家的爭論」中,尊重別人的意見是一種優雅的退卻。

一種有效地避免僵局的策略就是向對方說「言之有理」,然後轉向一個較安全的話題。

最有效的方法是尊重別人的意見。

每一種意見背後,都有它的支持點。了解別人的想法,你會獲益很大。你的意見有你的理由,別人的意見同樣有自己的支持點。

在聽到別人的意見時,人們第一個反應常常是「判斷正確與否」,而不是「了解」。

也就是說,每當有人表達出感受、態度或是意見時,我們通常會根據自己的意見果斷地做出判斷「這是錯誤的」、「這種觀

> 尊重別人的意見

點太荒謬了」、「毫無道理」……卻很少要自己去了解別人意見的支持點。

站在對方的立場上,如果我們的意見被別人全盤否定了,會使我們遷怒對方,更固執己見。然後,我們會尋找各種理由支持自己的意見,維護自己的意見。這不是我們的意見有多麼珍貴,而是我們的權威、自尊心受到了威脅。

聽到別人的意見時,首先要對別人的意見表示尊重,千萬別說「你錯了」。尊重別人的意見不僅是對對方的尊重,更是自己修養的一種體現。

相反,如果你過於直率地指出別人的錯,再好的意見也不會被人接受,甚至會受到很大的傷害。

第二章　優質的溝通需先交心

在我眼裡，你很重要

實現有效溝通，需要時時讓別人感到自己很重要。

一個做企業的朋友曾經和我說過這樣一件事：

幾年前，因為業務發展的需求，企業準備在泰國設立一個子公司。幾年的發展，公司的實力突飛猛進。在國家政策的扶持下，企業有足夠的經濟實力向海外擴展。

拓展業務的事情有條不紊地進行著。策劃人李主任主動提出前往，他認為這是一個很好的機遇。如果發展子公司的計畫成功了，他便是企業海外發展第一人，即便是失敗了，他也不會有任何損失，還可以回到原職位。但企業已經將任務內定給了業務部的王牌。

為了將這個壞消息告訴李主任又不至於觸怒他，企業將這件棘手的事情交給了朋友。

「當企業著手進行這個方案時，首先確定的人選是你，這也是選你做這個策劃案的最重要的原因。但是，高層在後來具體商議這件事時，覺得你的離開會導致公司的策劃部失去節奏，同時，也會有很多人覺得奇怪，怎麼能將你派過去……」朋友像聊天一樣，將這個壞消息傳達給李主任。

朋友很聰明。

在我眼裡，你很重要

　　你看出其中的暗示了嗎？朋友簡直就是直接告訴李主任，你太重要了，公司的策劃部離不開你，所以李主任同意了，不再有想法和異議。

　　朋友很精明、世故、圓滑。他遵守了有效溝通中的一條重要原則：永遠使對方感覺到自己很重要。

　　人性最本質的驅動力是──希望自己是重要的，人性本質中最基礎的需求是──渴望得到他人的肯定。

　　正是人性最本質的驅動力、最基礎的需求，使人類有別於其他動物，使人類的世界不斷發展，不斷進步。

　　美國歷史上最偉大的總統之一羅斯福說：「當你與他人交談時，要假設他在額頭上寫了這幾個字：『讓我有受重視的感覺』這是我在12年的總統生涯中最重要的經驗之一。」

　　從人性的角度來說，人人都希望自己成為主角，成為最重要的那一個。使每一個與之接觸的人有受重視的感覺，將會極大地滿足對方的自尊心和虛榮心，當你滿足了對方的自尊心和虛榮心，對方自然會從主觀上對你產生好感。當你想讓別人覺得他很重要時，你必須表現出來，透過表現出來，才能得到對方的響應。讓對方感覺到自己的重要性，你自己必須以誠懇的態度來表示，使對方真心感受到你的誠意。

　　美國業務員吉拉德先生曾經受聘於福特汽車公司做銷售經理。這天，福特汽車的展示中心走進來一位其貌不揚的老太太。

第二章　優質的溝通需先交心

　　一個業務員接待了她，她走進福特展示中心，業務員看她開著老舊的車子，便斷定她買不起新車，東張西望地敷衍著，吉拉德斷定這位業務員看不起這個老婦人。

　　果然，一會之後，老婦人擺擺手，示意要走。

　　吉拉德趕緊走上去，他的目的很簡單，就是為剛剛那位業務員上一堂課。

　　走上去之後，他發現剛剛那位女士沒有離開，在觀看中心展示的一輛黃色轎車。吉拉德走上前去，禮貌地接待了她。那位女士說：「今天是我的生日，我想買輛車作為生日禮物。」

　　吉拉德說：「請允許我告退一分鐘，馬上回來。」

　　吉拉德跑到自己的辦公室，從花盤裡取走一朵玫瑰花，讓剛剛的業務員禮貌地送給這位女士，祝賀她「生日快樂」。

　　看得出來，當時她真的太訝異、太意外了。後來，這位女士購買了一輛黃色轎車。

　　聰明的吉拉德看到這位女士身上散發著無形的訊號——讓我感覺自己很重要！而他所表現的，就是讓這位女士感覺「自己很重要、很受禮遇」。

　　同時，吉拉德替自己的業務員上了一堂生動的教育課。

　　人的價值感，是透過獲得別人的肯定、讚美而來；只要讓對方感覺自己很重要，對方也會善意地給我們正面的回饋。

　　為了節省開銷，我決定提供午餐給公司的員工，當然，這

需要找一位廚師。偏偏很不巧,我的母親推薦了她的一位老姐妹,並一再強調,她的烹飪能力非常好。其實,我一直都不願意這種情況出現,因為這是一件很難管理的事情。

這個廚師做飯並不認真,員工反映午餐很不對胃口。確認之後,我認為她的烹飪技巧確實不錯,只是她不重視自己的工作。

後來,我想了一個辦法,既沒有增加她的薪水,也沒有減少她的工作量,而是將一間盛放雜物的房間整理出來,變成一間辦公室給她,裡面放置了很多的菜單和書籍,門上寫著她的名字和頭銜——後勤部主任。

她不再是一個做飯、打掃環境的保母了——現在,她是後勤部的主任。她覺得自己很威風、得到承認、受到重視,從此,她工作的態度變得很認真,經常可以看到她認真地研究菜單,飯菜的口味也越來越好。很孩子氣嗎?或許是的。

在溝通交際中,差不多你所遇見的每一個人都自以為在某些地方比你優秀。所以,要打動他們內心的最好方法,就是巧妙地再現「你認為他們很重要」。

當你在職場忙碌的時候,你是否期望你的上司從你身邊路過時,拍拍你的肩,鼓勵你一下?當你跟上司在某處不期而遇時,你是否期望你的上司主動對你微笑,關心你一下?

答案當然是肯定的。

第二章 優質的溝通需先交心

期望自己受到重視是人性的基本需求。你需要,別人也需要。

如果你能夠做一些很簡單的事情,比如,問你身邊的人一些關於他們自己的事情,並且表現出很大的興趣,這樣別人就會感覺自己受到重視,感覺他在你心中比較重要,他也就會喜歡你這個人。

擺脫第一印象，重新認識對方

> 社交中，無意中的一個粗俗的舉止，便會讓你的形象大打折扣；一個善意的舉動，便能讓你光彩倍增，在別人心中留下良好的印象。

先來說一個事情：

某天，我和幾個朋友一起去吃飯，其間朋友對漂亮的女服務生產生了興趣。

他說：「以後找老婆，一定要找個漂亮的，只有漂亮的女人具有非凡的智慧和高貴的品格。」

朋友的這種「只有漂亮的女人具有非凡的智慧和高貴的品格」的心理屬於典型的暈輪效應。

在說起暈輪效應之前，先來說一個大文豪普希金（Александр Пушкин）的故事：

普希金是俄國著名的文學家，因暈輪效應吃了大苦頭。

普希金狂熱地愛上了被稱為「莫斯科第一美人」的娜塔麗婭，娜塔麗婭容貌驚人，在普希金看來，一個容貌漂亮的女人也必然有非凡的智慧和高貴的品格。為此，他花了三年的時間去追求娜塔麗婭。

娜塔麗婭的美貌讓人如痴如醉，但智慧和品格方面，卻與

第二章　優質的溝通需先交心

普希金的希望相差很遠。當普希金每次把寫好的詩讀給她聽時，她總是捂著耳朵說：「不要聽！不要聽！」相反，她總是要普希金陪她遊樂，出席一些豪華的晚會、舞會。普希金為此丟下創作，弄得債臺高築，最後還為她決鬥而死，使一顆文學巨星過早地隕落。

普希金的悲劇被很多人定義為紅顏禍水，但主要責任卻要歸咎於人心。

人心有這樣一種傾向：透過一個很小甚至微不足道的環節來主觀地形成對整個事情、整個事物或者整個人的評價。

這有點以偏概全的意思，就是看一個人的外貌，然後判斷他是好人還是壞人。

美容市場上有「一白遮百醜」的說法，由此形成了一個巨大的美白市場。可見，暈輪效應在生活中廣泛存在。

再來說一個發生在我身邊的案例：

去朋友的公司辦點事，看到朋友拿著一張紙，讚不絕口。

朋友說：「今天我面試了一個年輕人，字寫得非常漂亮，在現代紙筆被電腦代替的辦公室裡，能把字寫這麼好的人，一定是個思路清楚、辦事果斷、認真、有條理的人，我準備憑這一點就錄用他。」

我沒有直接否定他的看法，而是講了普希金的故事給他。

講完之後，他說：「是啊，不能因為字寫得好就判斷一個

擺脫第一印象，重新認識對方

人，我還要綜合評定一下。」

人際溝通中，暈輪效應不僅僅表現在通常的以貌取人上，我們還常常透過一個人的穿著打扮去判斷別人的地位、性格，以初步言談斷定他人的才能與品德等。

這種效應透過他人的傳遞，產生的效果更強。

比如，別人向你介紹一個陌生人時，表達了他的一些看法，這些看法就成為你判斷他人的主要依據。在你的心中，較長一段時期內，容易被這種依據所左右。

一個人如果被標明是好的，他會被一種肯定的光環籠罩，並被賦予一切都好的特質；如果一個人被標明是壞的，他就被一種否定的光環所籠罩，並被認為具有各種壞特質。

人的內心深處總是認為人的相貌與人品之間有著內在連繫，這種內在連繫表現為正比關係。

比如說，長相比較好看的人往往會比較親切友好、富於幽默感、肯幫助別人、容易相處；而長相不好看的人會被認為心腸惡毒、冷漠、孤獨，甚至會被戴上罪犯的帽子。

這樣，某人只要有了面相的一個核心特徵，我們就會自然而然地去補足其他有關的特徵。這種心理是錯的，錯誤在於：它容易抓住個別特徵，以局部推及整體，就像盲人摸象一樣，以點代面；將一些並無必然連繫的個性或外貌特徵連繫在一起，將這種特徵推及至另一種特徵，並且推及得非常果斷；對事物

第二章 優質的溝通需先交心

全盤否定或者肯定。

這種心理上的弱點容易把人帶入錯誤的領域，因此，要避免和克服這種戴著有色眼鏡去判斷對方的心理效應。

要實現有效溝通，首先要避免把自己的某些心理特點附加在對方身上。以點代面的投射傾向，往往是不自覺的，我們在與人交往時，如果沒有清楚地、理智地認識對方，就很可能產生各種偏見。

很多場合中，第一印象一旦形成，以後的資訊常常只扮演補充和解釋的角色。

因此，我們對待第一印象，首先一定要冷靜、客觀，思想上要具備改變甚至否定第一印象的準備。

其次，不要按照預先了解的特性將人分為不同種類：這是一種類化作用。

比如，我們常常會根據某一類人普遍的特徵進行歸類，教師是「知書達理」，商人則是「唯利是圖」，等等。

再次，要深入研究，不要以貌取人。在認識他人的問題上不應該受限於表象，而是注重了解對方心理、行為等深層特質。

最後，暈輪效應屬於心理認知上的缺陷，在盡量避免自己的心理缺陷的同時，也應該恰當利用來提高自己的人際關係。比如說，與人溝通的過程中，你對人有禮貌，即便你某些方面並不盡如人意，別人也會對你產生好感。在面試工作時，你就

擺脫第一印象，重新認識對方

更應該巧妙地運用暈輪效應，把良好的第一印象展現在別人面前，將自身的一些優勢恰到好處地展現出來，留下一個深刻的印象給對方，從而得到對方的賞識。

人性的缺陷告訴我們，在溝通的過程中，要克服自己不要被別人的暈輪效應所影響，同時要有效利用暈輪效應為自己所用。

第二章 優質的溝通需先交心

你有疑心病嗎？

> 具有疑心病的人，在社交中，總是虛構一些因果關係去解釋別人為什麼會有這樣的舉止言談。如，有位婦女見到別人小聲交談，就認為是在議論她。這種心理往往會帶來社交恐懼症。

說一個幾年前的事情吧！

幾年前，兩個老同學過來玩，我去接他們。遇到老友的第一天，我就遇到了尷尬。

和老友從他們入住的旅館出來，迎面碰到了一個漂亮的小姐，小姐的褲子拉鍊不知因為什麼原因開了。我湊近左邊的同學耳朵，「你看這位小姐的拉鍊，是不是很搞笑？」

我和同學會心一笑。上車的時候，我故意回頭看了一下，發現那個小姐在自己的身上上看下看，並拿出小鏡子照來照去。我想，她是聽到了我們的暗示。

一路上，另外一個同學的情緒一直不是很高昂，而且說話的口氣也不是很好。無奈，只好早早地送他們回旅館。

吃飯的時候，那個同學問：「今天出門的時候，你們兩個嘟囔了一句什麼啊？我可是猜了一整天了，有什麼話不能當面說嗎？」

> 你有疑心病嗎？

此時我才意識到，早上出門的一句話，讓他疑心了一整天。

誰的錯呢？

每個時代都有一種流行性的傳染病。現代文明社會的流行性「傳染病」除了浮躁、精神崩潰之外，還有一種最為常見的——疑心病。

我們生活在節奏快、浮躁情緒氾濫的文明社會裡，我們的身心常常有不能維繫的危險。就像一輛豪華的汽車，儘管發動機、排氣管都是最先進的，但因為使用率太高、動力的來源不純等問題，在過多的行駛中，出現意外是不足為奇的。

因此，許多優秀的人才，在緊張的生活中變得神經兮兮，多愁善感等一些複雜情緒的出現，一點也不足為奇。

疑心病的表現有兩種：一是對別人疑心；二是對自己疑心。

對別人疑心，多半是內心出於安全感的考慮，情緒中感覺受到了威脅，出於自我保護的目的，對別人的行為、言語充滿好奇，這種好奇多半是一些負面的情感。好比站在一個旋轉的風扇下面，總擔心風扇會掉下來，砸到自己或者傷害到自己。儘管風扇確實很安全，但潛意識中依然有這種擔憂。

對自己疑心，是一種不自信，做事情之前情緒起伏大，呈現無規律的情緒變化，是一種對自己不自信的最直接的體現。比如，儘管風扇在正常運轉，但依然擔心因為自身的原因而受到突如其來的傷害。

第二章　優質的溝通需先交心

因此,當一個人的情感過於複雜時,他的神經會被一種潛意識中的情緒所影響,而其原因與治療的方式則大不相同。

愛因斯坦曾經寫過一篇文章:

我們在這個世界上的處境是奇怪的:每個人,都是來做一次短暫的訪問,不知道是為了什麼。不過有時似乎也會覺察到有某種目的。

但是,從平日的生活來看,有一件事情我們是很清楚的:我們是為別人而活,最重要的是為了這些人活,他們的笑容和幸福構成了我們快樂的泉源。同時,我們活著還為了另外無數個不相識的生命,憐憫之心,將我們同他們的命運連繫起來。每天,很多次,我都會意識到我的肉體生活和精神生活相當程度上是建立在那些活著的和死去的人們的工作之上的,意識到我必須誠摯地、竭盡全力地努力去回報我所得到的東西。我經常心緒不寧,感覺自己從別人的工作裡承襲了太多,這種感覺讓我惴惴不安。

總之,在我看來,從客觀的角度,沒完沒了地思考自己為什麼會存在,或者是生命有什麼意義,是非常愚蠢的行為。不過,每個人都有一些理想,來指引著自己的抱負和辨別是非。始終在我面前閃耀著光芒的,並且讓我充滿活著的喜悅理想的,是善、美和真理。對我來說,以舒適和享樂為目標的生活從來沒有吸引力。以這些目標為基礎建立起來的一套倫理觀點只能滿足一群牲畜的需求。

你有疑心病嗎？

疑心病的原因是很複雜的，各式各樣的，更多的是屬於心理層面的，比如，抱怨對自己的不公平，嫉恨別人比自己強，要求自己或他人的所作所為十全十美等，而在所有疑心病的症狀中，不自信是主要原因。

找到了病源，我們也就找到了克服疑心病的方法──疑心病是可以治癒的。

徹底治療疑心病，首先從心理方面來說，要將心態調整到自信、正面、樂觀的狀態中，只有自信、正面、樂觀的狀態才能使人正確地看待周圍的事物，才不會在潛意識裡產生負面的情緒。

其次，要學會用客觀的、實事求是的唯物主義觀點看待周圍的人、物以及自己，要以客觀事實為依據，切忌胡思亂想、主觀主義。

同時，需要學會運用正面的心理暗示。疑心病和心理暗示的情緒有關，心理暗示是指透過視覺、聽覺、嗅覺、味覺、觸覺等五種感官因素，給予心理刺激，屬於心理活動中的意識思想與潛意識行動部分之間的溝通媒介。心理暗示會告訴你注意什麼、追求什麼和怎樣行動，因而它能支配影響你的行為，這是人心理層面擁有的一個看不見的法寶。

簡而言之，心理暗示就是一個人把上述影響作為信念，在心理上盡力趨向於這一方面。

第二章 優質的溝通需先交心

　　這種心理暗示可以來自他人，也可以來自自己。來自自己的，在心理學上叫「自我暗示」。根據暗示的效果，可以將自我暗示分為正面暗示和負面暗示。正面暗示可以使人增添信心，精神振奮；負面暗示可以使人憂心多慮，疑神疑鬼。而疑心病就是一種負面的暗示，是一種不健康的心理。

　　在與人溝通交際的過程中，只要學會利用正面的自我心理暗示，即人們常說的「自我感覺良好」這種正面心理，就不會出現疑心病這種不正常的心理狀態了。

第三章
優質溝通是講智慧的

在社交場合中,想要充分運用自己的智慧,進行優質溝通,需要我們隨時在自己的內心放置一面鏡子,對照自己就知道什麼地方需要保持,什麼地方需要改進。從生活中的細節做起,讓「照鏡子」成為一種習慣。

第三章　優質溝通是講智慧的

你是什麼樣的人，就說什麼樣的話

> 正確的自我認識，可以帶來良好的社交。錯誤的自我認識，會妨礙正常的社交，甚至會帶來社交恐懼。太多的障眼法，容易把人的關注力分散。我們需要掃除障礙，還原真實的自己，才能實行更好的人際溝通。

有一次，我外出旅遊，是中午12點半的班機，這個時候是很多人午休的時間。百無聊賴，我拿出一本雜誌消遣，看到雜誌上有一句話：在公共汽車上，你會發現這樣一種現象，一個人張大嘴打了個哈欠，他周圍會有幾個人也忍不住打起了哈欠。

我覺得很好玩，恰在此時，我不由自主地打了一個哈欠，讓我意外的是，身邊的妻子和右邊的一位男士，也不約而同地打起了哈欠。

我很吃驚：打哈欠是會傳染的。

哈欠傳染的現象，心理學上跟自我知覺理論（Self-perception theory）有關，人非常容易受到來自外界的暗示，從而出現自我知覺的偏差。

簡單地說，醫生站在病人的床前，會給人一種壓迫感；考試的時候，老師站在你的身邊，會讓你覺得被人監視。

心理學家伯特倫・福勒（Bertram Forer）曾經做過這樣一個

你是什麼樣的人，就說什麼樣的話

實驗：

　　他替不同血型的人做完多項人格調查表後，拿出兩份結果讓不同血型的參加者判斷哪一份更貼近自己的性格特徵。事實上，一份是參加者自己對自己的測試結果，另一份是多數人的回答平均起來的結果。參加者竟然認為後者更準確地表達了自己的人格特徵。

　　這就是巴納姆效應（Barnum effect）。

　　社交場合中，更多的人更願意相信一個籠統的、一般性的概念。即使這種描述都是籠統、概括的言語，他仍然堅持認為反映了自己的人格面貌。

　　這些籠統、概括的言語，其實是一頂套在誰頭上都合適的帽子。只是，在你的潛意識裡，這頂套在誰頭上都合適的帽子，因為你的心理作用，成為最適合你的帽子。

　　生活中，很多人愛好研究星座、血型、面相等對人的命運及性格的影響。當他們根據自己的血型、星座、面相，參照相關介紹後，都認為說得「很準」。其實，這些看到介紹的人，本身就有易受暗示的特點。比如，當他看到一把椅子後，不會想到自己的屁股是否適合這個椅子的尺寸大小，而是以椅子的大小尺寸來衡量自己的屁股。即便是身體很胖的人，也會在潛意識裡將自己的屁股縮小尺寸，滿足這把椅子。他在看到關於血型、面相、星座的介紹後，會將這些介紹融入自己的性格中，

第三章　優質溝通是講智慧的

即便一大段無關痛癢的話中只有一句切中你想表達的話,都會覺得說得「很準」。

這種「參照帽子去想像腦袋的尺寸」的心理,令許多可以成為優勢的能力沒有發揮出來,同時你也有一些缺點容易被你視而不見。

舉個簡單的案例:當你看到一位女士穿著一條非常性感、漂亮的裙子,從你的面前走過,你通常會認真地記下這條裙子的顏色及樣式,同時,心中會考量這種裙子穿在你的身上,會一樣漂亮,甚至更漂亮。事實上,性感、漂亮的裙子,並非適合每一位愛美的女士。

再比如,一個打扮時髦卻唯獨臀部有一塊「不和諧」的「景觀」的女人從你面前走過,這裡的「不和諧」可能是衣服上留下一塊水印或者髒汙,這最大的原因可能是疏忽。這個時候,你會情不自禁地摸摸自己屁股相同的部位,甚至會急切地找到一面鏡子,求證自己的衣服上有沒有類似的不和諧的水印或者髒汙。

事實情況是:其實別人誰也不能做你的鏡子,只有自己才是自己的鏡子。拿別人做鏡子,白痴或許會把自己照成天才的。

社交中,避免巴納姆效應,需要能夠正確地認識自己、面對自己。認識自己,不是了解自己的姓名、身高,而是深層次的真實的自己。如果你自認非常了解自己的話,進行一個小小的測試:

你是什麼樣的人，就說什麼樣的話

閉上眼睛，回答「你的食指和無名指哪個長？」

一個簡單的生理結構的問題，居然有高達九成的人的回答是錯誤的。你無法準確地說出你的無名指與食指哪個更長一些。

再進行一個情商的測試題目：

當一個落水昏迷的女人被救起後，她醒來發現自己一絲不掛時，第一個反應會是捂住什麼？答案是尖叫一聲，然後用雙手捂著自己的眼睛。

認識自己、面對自己，從人性的角度來說，不能認識自己，不敢面對自己，是將自己掩蓋的心理。這種掩蓋更多的是出於心理「缺陷」，就好比食指和無名指哪個長，落水女人捂住眼睛，這兩種結果實際上是一種心理上的「掩蓋」。因此，要認識自己，首先需要正確地面對自己。

社交場合中，認識自己、面對自己，要具備搜集資訊的能力和敏銳的判斷力。可喜的是，人天生就具有明智和審慎的判斷力。判斷力是在足夠的資訊基礎上進行決策的能力，資訊對於判斷的支持不容忽視，沒有蒐集一定量的資訊，很難做出明智的決斷。

有一句話說：「謊言說了三遍，就會變成真理。」只要你蒐集足夠多的資訊，就能夠揭穿謊言。比如，我們聽到「三個臭皮匠，勝過一個諸葛亮」，初聽到這句話時，會感嘆人多力量大，但只要你具備較強的判斷能力，你會知道臭皮匠與諸葛亮之間

第三章　優質溝通是講智慧的

不是簡單的加法關係，臭皮匠永遠都是臭皮匠，即便一千個臭皮匠，也無法勝過一個諸葛亮。

古語云：「以人為鏡，可以明得失」，即透過與自己身邊的人在各方面的比較，來認識自己。這裡，比較的對象至關重要。在比較的時候，你不能拿自己的優點去比較別人的缺點，也不能拿自己的缺點去比較別人的優點，如，你不能和光頭比較誰的頭髮多，不能和美國人比說中文。要根據自己的實際情況，選擇條件相當的人做比較，找出自己在群體中的合適位置，這樣認識自己，才比較客觀。

再次，可以透過決定命運的重大事件來認識自己、了解自己。在重大事件中獲得的經驗和教訓可以提供了解自己個性、能力的資訊，從中發現自己的長處和不足。越是在決定命運的關鍵時刻，就越能反映一個人的真實面目。

有句話說：成功時認識自己，失敗時認識朋友。

這句話固然有道理，但終究，我們認識的都是自己。不管何時，我們都應堅持一分為二的觀點，發揮自己的長處和優點，也要認清自己的短處與不足。這樣在社交中才會遊刃有餘。

先肯定自己，再對話他人

> 要實現有效溝通，一定要養成欣賞自己與肯定自己的能力。從現在起，學習欣賞自己的優點和長處。強大的人不一定是勝利者，但勝利者一定是充滿自信的人。

先來說一個我個人的經歷：

三年前，我的經濟狀況開始好轉，存了一筆錢，想提高生活品質，買一輛車代步成了我的首選。

在購買何種牌子的汽車上，我做了專門的調查，我希望自己的車子是與眾不同的。

經過研究對比，我覺得雪鐵龍比較好。

在顏色的選擇上，我同樣進行了一段時間的評估。我決定買一輛巴哈藍的中型轎車。當時，我的印象是，一般人的車都買代表理智的水晶銀白色或碳晶黑色，而巴哈藍則代表著一種海一樣寬廣的胸懷。因此，我認為自己的選擇很獨特，而且很有品味。

正在為自己能買到一輛與眾不同的車而沾沾自喜的時候，我突然發現：不論是高速公路上，還是小巷子裡，甚至在我辦公的大樓的停車場中，都看到許多和我同型，而且是巴哈藍的轎車。

第三章　優質溝通是講智慧的

我開始覺得奇怪，甚至有點失落的感覺，感覺自己以前的研究都白費了。為什麼大家突然間都開始買雪鐵龍巴哈藍色的車呢？

再來說一件事：

我的一個朋友，喜歡追逐潮流。夏天來了，他開始在自己要設計哪種髮型上動腦筋。

後來，他突然想到了幾年前追逐貝克漢時剃的光頭。他興沖沖地跑到理髮店，剃了一個油光鋥亮的光頭，並樂滋滋地向我們炫耀。

然而，兩天後，他不再那麼興奮了。

他說：「現在的年輕人真是愛追逐潮流，之前從來沒有發現過光頭，可是自從我剃光頭之後，在什麼地方都能發現光頭。昨天，去家樂福購物，短短的兩個小時就看到 5 個光頭，怎麼突然之間有那麼多光頭呢？」

後來，才了解到這種現象在心理學上叫「視網膜效應（Retinal Effect）」。

簡單來說，當我們自己具備一件東西或擁有某一項特徵時，心理作用會讓我們在潛意識裡比平常人更會注意到別人是否跟我們一樣具備這種特徵。

著名教育家卡內基先生經過研究發現，每個人的特質中大約有 90% 是長處或優點，而餘下的 10% 左右是我們的缺點。當

先肯定自己，再對話他人

一個人經由別人提點或者透過自己了解自己的缺點，他只知道自己的缺點是什麼，眼中只能注意到自己的缺點，而忘記去發掘優點時，「視網膜效應」就會讓這個人在潛意識的支配下，以極其細微的目光發現他身邊也有許多人擁有類似的缺點，這導致他的人際關係無法改善，生活也不快樂。

我所在公司新調過來的上司是一個脾氣火爆的人，經常責備我們工作效率低下，斥責我們，教訓我們，儘管很多場合中，他一再強調自己是個性格溫厚的人，但在我們看來，他就是一個「暴君」。

在他斥責、教訓我們的時候，總是避免自己出現我們的情況。但這些並沒有使我們部門的績效高於其他的部門。

這是因為，他只盯住缺點，試圖改變缺點，卻完全忘記發揮自己的優點。成功學中有一句話：「改變缺點不能導致成功，發揮優點才可以導致成功。」

在法國，有一個年輕人，痴迷繪畫，他發誓要提高自己的繪畫能力，畫出讓所有人都喜愛和讚嘆的作品。為了了解人們對他的畫究竟有怎樣的態度和看法，他把自己的一幅作品拿到市場上，並在旁邊放上了一支筆，讓人們把那些認為不足的地方指點出來。

一段時間之後，他發現這幅畫已經被密密麻麻地標註了很多人們認為不足的記號，甚至有一句評語：「這是最糟糕透頂的

079

第三章 優質溝通是講智慧的

一幅畫」。顯然,在人們看來,這幅畫簡直就是完全失敗的作品。

這個結果使年輕人的自信心受到了巨大的打擊,情緒低落,萬念俱灰,開始懷疑自己是否真的具備繪畫的天賦,甚至決定封筆。

年輕人的父親知道後,告訴他千萬不要在意別人的意見,並要求他再把一幅類似的作品放到菜市場上,只不過這次是讓人們把那些他們認為很好的地方指點出來。於是,年輕人照著父親的要求去做了。大大出乎他意料的是,當他把放在菜市場上足足有一天時間的作品再拿回家的時候,竟然發現那幅畫上所有的地方又都密密麻麻地被標上了人們認為很好的記號。

這次,年輕人非常高興,決定繼續自己的創作。

他的父親說:「現在你需要的不是創作,而是強大你的心。承受不住大多數人給你的壓力,沒有強大的內心,如何能夠創作出好的作品呢?」

年輕人心悅誠服,他堅定了信念,用心投入到創作中。

這個年輕人就是後來世界知名的印象派畫家雷諾瓦。

成功學大師卡內基一直強調:

一個人要實現有效溝通,成為人際溝通大師,一定要鍛鍊欣賞自己與肯定自己的能力。因為在「視網膜效應」的作用下,一個看到自己優點和長處的人,才有能力看到他人的可取之處。而能用正面的態度看待他人,發掘他人優點,往往是**實現**

有效溝通的必備條件。

一個人,只有能夠發現自身的優點時,才能夠以一顆包容的心來欣賞與接納身邊具備此優點的人。

只有當我們以正面的心態面對這個世界時,這個世界才能以正面的心態面對我們。揚長避短,包容自己的缺點,發揮自己的優點,以一種欣賞的眼光面對周圍的一切,人際溝通才能更快樂。

全世界有億萬人因卡內基而受益,很多人不了解為什麼卡內基能有效幫助這麼多有不同文化背景與不同成長經驗的人改善人際關係,包容自己的缺點,發揮自己的優點的,「視網膜效應」是最好的解釋。

第三章　優質溝通是講智慧的

別踏入對方的「雷區」

> 社交場合中，對別人保持禮貌和體貼，就可以消除人際距離帶來的負面影響。

我的一個從海外歸來的紳士朋友，之前每天都要擠地鐵上下班。

他向我講述了在地鐵中發生的事情：

他告訴我，在地鐵裡他沒有安全感，有的乘客面如死灰，閉上眼睛不說話，偶爾身體會隨著車廂的活動有節奏地搖動；有的乘客把對開的報紙伸到了別人的臉下面，專心致志時甚至把頭也探過去；有人把手臂往別人肩膀上一放，扭頭去看窗外⋯⋯就這樣，兩個男人因為「領地」問題發生武力衝突 —— 在領土的糾紛上，沒有談判，只有戰爭。

朋友記取教訓，乘車的過程中，碰到別人時會迅速說「對不起」，以此來逃避「領土糾紛」。但讓朋友不理解的是，短短的10分鐘內自己不小心衝撞了別人四次，出於化解糾紛的心理，他連說「對不起」，結果身邊的人以一種非常奇怪的目光看著他。

我笑著說：「在十分鐘之內，對對方說『對不起』四次以上，會讓對方直接崩潰。」

知道什麼原因嗎？

別踏入對方的「雷區」

心理學中，有這樣一個詞語：人際距離。

在每個人的心中，都有這樣一種本能——保護自己無形的領地。就是說，每個人在自己的潛意識裡，都生活在一個氣泡裡。不管是處於哪種環境中，周身都被一個看不見摸不到的氣泡包圍著。很多時候，你根本感覺不到它的存在，但是在某些時候，與別人溝通、交流的過程中，你內心會感到不安、緊張，這就是有什麼擠到了周身的氣泡。

用通俗的方法來解釋這種「氣泡」，好比從領海基線量起12海浬以內的寬度屬於領海，從人的身體開始算起的部分距離同樣被人劃為自己的「領地」，這裡的領地就屬於氣泡。

關於氣泡，美國行為心理學家史金納（Burrhus Skinner）曾經做過一個實驗：

在一所學校的閱覽室內，當裡面只有一位讀者時，史金納走進去拿椅子坐在他或她的旁邊。

這樣的試驗進行了整整80次。結果證明，在一個只有兩位讀者的空曠閱覽室裡，沒有一個受試者能夠忍受一個陌生人緊挨自己坐下。

當史金納緊挨著他們的身邊坐下後，他們會不由自主地以一種敵視的目光看著身邊的這個陌生人。大多數人會選擇默默地移到別處，甚至有些人會明確地表示反感，明確表示：「你想做什麼？」

> 第三章　優質溝通是講智慧的

　　史金納的這個實驗說明了人與人之間需要保持一定的空間距離。任何一個人，都需要在自己的周圍有一個自己掌握的自我空間，它就像一個無形的「氣泡」一樣為自己「割據」了一定的「領地」。而當這個自我空間被人侵犯就會有不適感或不安全感，甚至會惱怒。

　　史金納經過實驗證明，氣泡心理不僅指距離上，還包括聽覺、視覺，甚至嗅覺上。比如，在一個公共場合中，很多人會對大嗓門講電話的人表現得很反感；在餐廳裡，對吃飯時交談甚歡的人表示強烈不滿。這些透過聽覺產生的排斥心理，同樣是因為「氣泡」受到了擠壓。

　　通常，氣泡是否感覺被擠壓，與彼此之間的距離有關。例如兩個人面對面地說話，保持半公尺左右的距離是最合適的。如果距離小於半公尺，甚至只有幾公分，內心會感覺到壓抑。這時候，就是氣泡受到擠壓，「領土」被侵犯。

　　此外，氣泡是否感覺被擠壓，與彼此之間的關係親疏有關。如果說話的兩個人是情侶關係，別說 10 公分，即便是零距離也不見得會覺得難受。可是，如果對方是陌生人，10 公分的距離就是氣泡被擠壓了。

　　在供人休憩的公園的長椅上，幾乎坐滿了人，只剩下你身邊的那個位置空著，這時候走過來一個人，直奔你的方向而來，坐在了你身邊，這時候你不會覺得被擠。可是如果公園裡

> 別踏入對方的「雷區」

只有你一個人,別的位置都空著,這時候走過來一個人,直奔你的方向而來,擠在了你身邊,你就會感覺「被侵犯」。

在社交場合中,保證自己的「領土」不被侵犯最聰明的方式是 —— 不要侵犯別人的「領土」。美國著名作家湯瑪斯說過這樣一段話:

社交場合中,禮貌和體貼就像投資一分錢卻得到一塊錢的回報一樣。如果人人都能保持對別人的禮貌和體貼,人與人之間的相處就會非常愉快。

在自己的內心放置一面鏡子,對照自己就知道什麼地方需要保持,什麼地方需要改進。從生活中的細節做起,讓「照鏡子」成為一種習慣。

第三章 優質溝通是講智慧的

記住名字，叫對名字

> 記住對方的名字，是實現有效溝通的一個環節，也是最重要的環節。

美國最傑出的總統之一羅斯福，他成功的祕訣很簡單——我能叫出 5 萬多人的名字——包括白宮裡修剪草坪的清潔工。

在羅斯福競選總統幾個月前的一次宴會上，他看見席間坐著許多不認識的人，就找到當日宴會的大廳負責人，從他那裡一一打聽清楚了那些人的姓名和基本情況，然後令人驚訝的事情就出現了。

「比利先生，能夠見到你真是太好了！霍華德博士，你也在這裡……」這幾個人頓時都愣住了，「請問您是？」幾個人說出了心中的疑問。

當這些人知道這位平易近人、了解自己、能夠叫出自己名字的人竟是著名政治家羅斯福時，都大為感動，也都非常驚訝。

記住他人的姓名，然後自然而然地叫出來，你就對他有了巧妙有效的恭維。

人際溝通的場合中，記住他人的名字，不僅僅是溝通的必需，更是交際場上值得推行的一種妙招。你想一想，對於輕而易舉地叫出別人的名字的人，怎能不頓覺親切呢？彷彿雙方是

> 記住名字，叫對名字

老友相逢，這時，你有什麼需求，別人怎麼忍心不竭盡全力地幫助你呢？

這種方法功效神奇，羅斯福永遠不忘。

幾個月後，在總統競選中，羅斯福使用同樣的心理戰術，輕而易舉地登上總統的寶座。

人們都渴望被他人尊重，而記住別人的名字，這是最簡單、最能讓人有受尊重的感覺的方法。

在公司，我們幾乎忘記了自己的姓名。根據習慣，我們的稱呼很簡單——姓的前面加了個「小」字，成為我們的稱呼。比如，我姓王，我的公司稱呼就是小王，你姓李，你的稱呼就是小李，儘管很彆扭，但公司向來如此。

某天，我意識到我習慣性的稱呼讓下屬很不舒服，我決定改掉這個習慣。

我花了半個小時的時間去記他們的名字。

第二天，我走進公司，下屬向我打招呼，我笑著說：「任萍，早啊！」我留意了一下她的表情，先是一驚，然後笑得很開心。

其他下屬同樣如此，自從叫了他們的名字，就與我的關係變得非常好。直到兩個多月後的公司聚會時，我才意識到，叫出一個人的名字有多重要。

因為他們都對我說：「叫出我名字的一瞬間，我感覺你特別親切。」

第三章　優質溝通是講智慧的

拿起合照時，你第一個找的人一定是自己。看到一大堆的名字時，你先找的名字肯定是你自己的名字。

人們非常重視自己的名字，因此他們竭力設法讓別人記住，甚至違反一些日常的行為規定。到名勝古蹟遊玩的時候，有人會在石頭或樹幹上刻下自己的名字以作留念，他們希望「永遠活在別人的心中」。這是一種不文明的方式，但依然是屢禁不止。

在這世界上，最悅耳的賜予是自己的名字。在社交場合和商務場合，你牢記別人的姓名、生日、各種喜好等細節，代表你重視對方，在乎對方。這不但能建立良好的人際關係，而且對個人事業的發展也會有很大的幫助。

然而，我們當中有多少人這樣做過呢？

卡內基擁有超強的記憶力，能夠記住 5,000 個與他經常接觸的人的名字──這成了卡內基與人有效溝通的一項技巧。

他怎麼會有如此強的記憶力，能夠記住這麼多人的名字？

卡內基說：「其實，你也可以。我能夠記住這麼多的名字，是因為我每天都會重複記憶，把它們當成功課，就像小孩子唱歌一樣，需要反覆地唱。」

卡內基能夠記住 5,000 個與他交往的人的名字，依靠的就是重複。

人的記憶力依靠大腦，實驗證明，當大腦神經系統接收到外來的訊號時，會短暫地保存在大腦中。當這種外來的訊號越

記住名字，叫對名字

來越強，呈現連續不斷的形式時，會以一種畫面的形式保存在大腦中，且能夠長期保存在大腦中。

這就是重複定律。

重複定律證明，任何的行為和思維，只要不斷地重複就會得到不斷加強。在你的潛意識當中，只要你能夠不斷地重複一些人、事、物，這些都會在潛意識裡變成事實。

很多時候，我們被介紹給一個陌生人的時候，談了幾分鐘話，臨別的時候，連姓名都不記得了。更有甚者，會叫錯一個人的名字。

叫錯別人名字，是一件比記不住別人名字更讓人感到反感的事情。

上次和你交談的人是王經理，你卻稱呼他為張主任，相信這個記錯的稱呼已經成為你們有效溝通的一大障礙。

同時，你需要注意，職稱是否正確同樣很關鍵。一位行政助理肯定不希望被稱作祕書。別人怎樣稱呼自己，每一個人都十分敏感。重視對方的地位和職稱，並以相應的態度對待他們。記住別人名字，並適宜地叫出來是留下好印象的祕訣。

人性的缺陷，讓我們總是容易忽略一些細小的環節，而這些環節，則是有效溝通的潤滑劑。很難想像，沒有潤滑劑的世界是多麼乾澀和彆扭。

實現有效溝通，想要初次見面就留下好印象，就必須讓對

第三章 優質溝通是講智慧的

方明白,你很在乎他,很重視對方。能準確地記住一個人的名字,見面時能自然地叫出來,這是對對方最巧妙的恭維,而且還具有讚賞的意味。

反過來說,如果你把對方的名字忘記甚至叫錯了,不但會使對方難堪,而且很可能招致意想不到的損失。記住他人的名字,不失為社交中的一條妙計。

避免「地位效應」，平等溝通

> 地位高的人聲音都比較大。

西元1767年英國召開國會，制定向北美殖民地徵稅的法案。當時，殖民地人們正在抗議無理稅。有議員發表他著名的關於殖民地徵稅與自由的法案：

自由是上帝賦予他的子女的最神聖的權利，不過每個人因為環境的不同需要自由的目的不同而已。我的這份提案是代表美洲的每一個上帝的子民，他們要求言論和出版的自由，信仰的自由，以及為抗議稅收而提出的，更是為日不落帝國而提的。

美洲的子民，有的人只要求言論和出版的自由權利；有些人只要求用任何方式，在任何地方，崇拜上帝的自由權利；還有些人認為對於政府的開支，不能說一句話的，就不願拿出稅款來。

對此，我們需要頒布更為合理的徵稅法案，根據美洲子民不同需求而提出法案……

這份提案得到了很多議員的響應，大家紛紛表示支持這項提案。

然而，另一位地位、威信要明顯高於他的財政大臣查理·湯森（Charles Townshend）同樣提出了一份提案，他的提案完全

第三章 優質溝通是講智慧的

相反：採取強硬措施，對殖民地輸入的紙張、玻璃、鉛、顏料、茶葉等均一律徵收進口稅，同時規定英國關稅稅吏有權闖入任何民宅、貨棧、店鋪，搜查違禁物品和走私貨物，採用高壓政策杜絕抗議稅捐的情形。

在最後表決通過法案的時候，很多議員選擇了支持財政大臣查理‧湯森的法案，摒棄了更人性的提案。

有人憤怒地說道：言由人定、人以位重，英國注定要從北美殖民地滾出去。

果然，這項稅法公布後，引起殖民地人民的憤怒抗議，要求廢除。英國政府採取高壓政策，這反而更加激起了殖民地的反抗情緒。殖民地人民掀起抵制英貨運動，並用武力反抗英國稅吏的搜查與壓迫，英國對北美的貿易額大幅度下降。

面對愈演愈烈的反抗情緒，英國國會於西元1770年3月被迫廢除了《湯森法案》。

隨後的一次國會上，查理‧湯森再提出了一份提案。

查理‧湯森的地位以及威信讓他的提案再次獲得了通過，制定了對殖民地徵收茶葉稅的提案。這項提案成為西元1773年爆發波士頓茶葉事件的導火線。

地位及威信較高的查理‧湯森，儘管提案不正確，依然通過了提案。另一份提案儘管更人性化，無奈人微言輕，只能被淹沒。

管理學家杜拉克（Peter Drucker）在任通用汽車（General Mo-

避免「地位效應」，平等溝通

tors）管理顧問時，提出過「隱形管理」。

在汽車技術問題方面，通用汽車逐漸在市場上處於落後的位置。後來，杜拉克發現了一個奇怪的現象，關於技術方面的提案，通過率高的往往是技術部的管理層提出的方案，而一些技術員的提案往往很容易被否決。

杜拉克意識到這個環節出了問題。

後來，他向管理層提議，通過技術方案時，採取匿名提案，即提案不記名，進行討論並作出最後的決策。

杜拉克的這種方法讓通用汽車集團在短短的四個月的時間內解決了技術層面的問題。

杜拉克說：

地位高的人提出的方案總是很容易被認可，而一些地位低的人的提案很容易被忽略。穩妥起見，還是從椅子上站起來，忽略地位高低的問題。

要明白上述案例，首先要理解一個名詞：地位效應。

「地位效應」是指人們在面對人的地位高低的問題時，心理層面比較敏感，容易受到一些不穩定的因素影響，而做出錯誤的、扭曲的選擇。

比如，對不同地位的人的敏感會有所不同，容易產生不同的「心理效應」。也就是說，人們對「地位高、威信高」的人說出

093

第三章　優質溝通是講智慧的

的話，感到更高的可信度與安全感，而對那些地位低、威信低的人說出的話，重視程度就會低很多。

人心的潛意識層面，容易受到一些客觀環境的影響，對一些地位高的人，內心會產生認知上的偏差。比如，認為地位高的人，具有豐富的經驗和突出的才華，是一個比自己智慧多得多的超人、偉人。地位高的人，往往擁有較大的權力、名氣、財富，這種效應容易讓人在內心產生一種遵從感。

在這種心理的支配下，人們的內心會對地位高、威信高的人產生一種遵從感，對地位高的人提出的意見，也比較容易認同，而往往會忽略地位低的人提出的意見，這就會影響在社交中進行有效溝通。

因此，人際溝通中，應該盡量避免「地位效應」，認真聽取地位低的人的意見，因為他們的意見出發點更實用。同時，要不斷提高自己的地位，爭取更多的發言權，所謂「有位才有為」正是這個意思。

多見幾次，混個臉熟

> 與人交往過程中，如果你希望被別人喜歡，別忘了給他機會多「看見」你，「混個臉熟」很重要。

妻子有個非常好的單身姐妹，經常到我家裡來做客。

這天，妻子要求我介紹一個對象給她的朋友，說她家裡最近催得比較急。我隨口說出了我的一個朋友。妻子簡直跳起來：「啊？他哪裡配得上我這個姐妹？絕對不行！」

其實，她的姐妹條件也很一般，不過，在她眼裡卻美若天仙。事情似乎到此告一段落。

過了兩天，妻子又催我：「你趕緊介紹一個對象給我姐妹，她今天說了。」

我找不到合適的人選，只好將先前說的那個人再次報了上去。妻子還是那句話：「不行，他配不上我姐妹。」

當我要求妻子具體描述她的姐妹有多漂亮時，她變得啞口無言。當我要求她描述我的朋友哪裡配不上她的姐妹時，她只是找了幾個不痛不癢的理由，什麼站到一起就感覺不搭配之類的不著邊的理由。

可能是妻子告訴了她的姐妹我提過的這個人，過幾天，她的姐妹提出在我家見一見。

第三章　優質溝通是講智慧的

妻子說：「什麼世道，牛糞不急鮮花都急了。」

令我意外的是，兩個人很快對上了眼，妻子覺得不可思議。

事情過後，認真地想一想，自己是否有這種傾向——潛意識裡，你是否覺得和你關係好的朋友無可挑剔，別人都是高攀？

這是一種多看心理產生的效應。

讓你觀看一組照片，有些照片出現了二十幾次甚至更多，有的只出現幾次，之後讓你評價對照片的喜愛程度。你是喜歡只看了幾次的照片還是看了二十幾次的照片？

在美國芝加哥大學，曾經進行過這個實驗，結果發現，看到某張照片的次數越多的人，就越喜歡這張照片。那些只看過幾次的新鮮照片，實驗者則表示幾乎沒有印象。也就是說，看的次數增加了喜歡的程度。

這種對越熟悉的東西越喜歡的現象，心理學上稱為「多看效應」。

或許可以解答上文中我問妻子她的朋友哪裡好看時，她回答不出來的原因了。

讓你評價一個和你關係非常好的人的外形如何，可能你會不知道說他好看還是難看。因為你們之間經過一段時間的朝夕相處後，外貌逐漸覺得順眼了，已經無法去判斷是醜是美了。

職場中，一個人進入陌生的環境，很容易與自己周邊的人熟悉。原因便是見面次數多。人的心理，都有一種排外情緒，

> 多見幾次，混個臉熟

對新鮮面孔需要一個接受的過程。

因此，見面時間長，往往不如見面次數多留下的印象深，更容易產生親近的感覺；相反，見面次數少，哪怕每次見面的時間較長，也難以消除因為間隔的時間太長而產生的隔閡，甚至可能因為相處的時間過長而產生摩擦。

最常見的一種現象，原來親密的戀人，如果一年半載見不到面，再次見面的時候，儘管彼此之間很熟悉，卻依舊在最初的感覺中會有些陌生。這就是異地戀很難維持的原因。

社交場合中，有一種人非常健談，人緣非常好，性格活潑開朗，善於製造與他人接觸的機會，儘管他每次與別人接觸的時間較短，但是彼此間卻非常熟悉；而有的人，同樣的時間，只與一個人交談，卻並沒有取得很好的效果。

真正有好人緣的，是那些喜歡走動的人，比如到朋友家中多走動走動，哪怕只是露個臉，小坐一會，也會有助於改善人際關係。

社交中，人脈的作用非常重要，自我封閉，埋頭苦幹，想依靠一個人的努力來實現自己的目標，並非明智之舉。不妨多與同事搞好關係，多與上司交流溝通，往往能夠幫助你贏得群眾基礎，受到上司的器重。

與上司、同事的交往中，運用「多看效應」可以培養與上司、同事之間的親密感情。

> 第三章　優質溝通是講智慧的

　　這就是為什麼經常在上司身邊出現的人,往往容易受到上司的信任,被委以重任的原因了。

　　然而,在職場中,很多人卻總是對上司充滿畏懼,害怕見到上司,如果某一天在大街上與上司見面,甚至會刻意避開,這是非常愚蠢和幼稚的行為。很多上司通常都十分忙碌,沒有太多的閒暇時間留給某個下屬。只有經常出現在上司的視野裡,進行頻繁而短暫的交流,才能加深上司對你的印象。當上司有需要的時候,自然會首先想到你。

　　在職場溝通和交往的過程中,如果能運用「多看效應」,提高時間的使用效率,縮短見面時間,增加見面次數,會更加容易增進彼此感情,收到事半功倍的效果。

　　當然,這裡需要提醒一下,多看效應發揮作用的前提,是第一印象要好,即便是不好,也不能差。若第一印象很差,則見面次數越多就越討人厭,多看效應反而造成了反作用。

第四章
優質溝通是說話讓人舒服

　　社交生活中，每個人都有自己的社交需求。人性的自私性讓很多人做事往往只強調自己的需求，而忽略或不顧他人的需求。社交需求是需要雙方共同實現的需求，只有雙方實現彼此的需求，才是人際有效溝通的條件。

第四章　優質溝通是說話讓人舒服

把別人作為中心

> 一個不爭的事實是，幾乎你遇見的所有人，都覺得在很多方面，他才是中心。

大約兩年前，我剛買了新車，非常興奮。上班的時候，我鄭重地把自己打扮了一番，目的是讓自己能夠配得上那輛車。開車途中，我覺得所有的人都在關注我。走進公司的時候，我有種想吹口哨的衝動。

讓我意外的是，大家都在忙各自的工作，似乎並沒有關注到我到公司是開車來的。

中午就餐的時候，依舊沒有人對我的車發表任何觀點，我沉不住氣，引導他們談論我的車。

一個關係不錯的同事很意外，說：「你是開車過來的？我怎麼沒有注意到？」另外一個同事繼續追問：「你什麼時候買的車？」

這個世界上最不需要動腦筋的話就是實話，這句實話讓我有點失落，不，應該是很挫敗。

人類行為有一個絕對重要的定律，如果我們遵守這個定律，幾乎永遠不會誤判自己的影響力。如果遵守了這個定律，我們就能夠在任何社交場合中正確地判斷自己的能力和影響力。但在破壞那個定律的片刻，我們就會出現很多的心理問題。

把別人作為中心

這個定律是:你看不到你臉上的毛孔,別人即使看到了,也很快就會忘記。

心理學家季洛維奇(Thomas Gilovich)曾經做過一個實驗:

他讓康乃爾大學的一名學生背上名牌包,然後進入教室。背名牌包的學生,在進入教室之前推測他的這個包會引起全班同學的**轟動**。然而,出乎他意料的是,班裡 26 個同學,只有 6 個人注意到這一點。

社交場合中,我們總認為別人對我們會格外注意,但實際上並非如此。對自我的感覺占據了我們世界的重要位置,我們往往會不自覺地放大了別人對我們的關注程度,而且透過自我的專注,我們會高估自己的突出程度。

大合照的照片中,只有自己會對照片中的自己感興趣。

打開一張大合照的時候,幾乎所有的人,第一眼都會去尋找照片中的自己,圍繞著照片中的自己繼續進行搜尋。不僅如此,我們會特別在意自己在照片中的位置、表情、穿著打扮等,同時照片中自己的樣子展示給別人的印象會較長時間地保留在自己的大腦中。

不僅僅是一次,我們無論何時打開照片,都會以自己為一個焦點,擴散開來,這種心理作用就是聚光燈效應。

心理學中的聚光燈效應是人的普遍心理,意思是說把自己當作是一切的中心,世界在以自己為中心擴散開來,同時會不

第四章　優質溝通是說話讓人舒服

正確地看待外界對自己的關注，這種關注多半是高估了自己的影響力，這是心理學中所公認的一個事實──人都是以自我為中心的。

一個不爭的事實是，幾乎你遇見的所有人，都覺得在很多方面，他才是中心。

比如，你去應徵一份你非常中意的工作，你會為自己該穿什麼樣的衣服、梳什麼樣的髮型、說什麼樣的話思考良久。和面試官見面的時候，你甚至會緊張得不知所措。

和初次見面的重要客戶一起交談，你甚至會考慮到自己的手該放在什麼位置上，會擔心客戶怎麼看你，會不會影響到這一次談判，甚至會對某一次不自然的微笑耿耿於懷。

和心儀的對象第一次用餐時，如果不小心發生了計畫之外的事情，這件事情可能會讓你銘記一年、三年、十年，甚至更長時間。

但令人痛心的是，這些你關注的事情，對方卻根本沒有記住。

你的腳底長有一顆幸運痣，全世界可能只有你一個人知道，甚至你的媽媽對此也一無所知。

聚光燈效應讓很多人談社交而色變。

比如，一些職場女性，每次上班前都要花好長的時間打扮自己，甚至一縷頭髮的位置都要反覆打理，直到自己滿意為止。在挑選衣服方面，她會搭配到自己滿意為止。因為她覺得自己走

把別人作為中心

進公司之後,所有人都會注視她,所以必須把自己打扮得漂漂亮亮的,留好形象給別人。

其實,這些都誇大了「自我中心」的效應,大家都只是芸芸眾生中的一員,不會有太多人注意到你這些細節。如果讓你現在回憶昨天和你在一起的人,都說了哪些話,你或許連對方一句完整的話都難以想起來。但是如果讓你複述你昨天的活動,你會說得非常詳細。

了解聚光燈效應不是關鍵,關鍵是利用聚光燈效應。社交場合中,讓對方在「聚光燈效應」的心理下,實現自己預期的目標。

一個保險業務員在向一個大客戶推銷保險時,陷入了僵局。客戶已經出現不耐煩的情緒,保險業務員意識到自己這次又將無功而返。

這個時候,他發現客戶身後的牆上掛著一張與美國總統布希合影的照片,照片上還有布希的簽名。相片被裱了起來,看起來客戶很珍惜這張照片。

在美國,總統經常會舉辦這類慈善晚宴,一些商業界的人會被邀請參加。在宴會上,如果捐助一定數目的慈善款,就有機會和總統合影。

保險業務員看到這張照片後,找到了話題,說:「李董,你居然受到過美國總統的接見,有機會和美國總統合影的可不

第四章 優質溝通是說話讓人舒服

多,這可是很多企業家夢寐以求的事情。」

客戶一聽,立刻謙虛地說道:「哪裡,哪裡,過獎了,這是我以前在美國⋯⋯」對方講起了自己的事。

最後,雙方成功地談成了這筆生意。

要知道,這個社會上不知道有多少人,甚至包括已經進入社會很久的老江湖,在聚光燈效應的心理下,放下了戒備之心。

通常,我們在與別人交談的過程中,很容易把話題引導到關於自己的事上來,並且時隔很久,都能清楚記得談論的有關自己的內容。同樣地,與別人交談也是一樣,沒有誰願意聽有關別人的事,特別對於陌生人,通常認為是在浪費自己的時間,但對於有關自己的事,都非常有興趣。

因此,在社交場合中,在與人談論時,我們要盡量以別人為中心,滿足別人。當你滿足了別人的心理,想實現自己的某種目的就會變得非常容易了。

其實,很多時候,這種「聚光燈效應」的心理是完全沒有必要的。大多數的人,都是屬於「觀眾」的層次,並不是那麼受人關注。你偶爾的失誤或許根本就沒有人看到,即使看到了,也不會有人在意。

不善於社交的人,總是「感到」在人群中大家都在關注自己。這些人會高估自己的社交失誤。如果我們在安靜的環境中製造出了噪音,我們可能會非常苦惱。但是,事實情況是,我們

把別人作為中心

心理上的苦惱,別人不太可能會注意到,即使看到,也往往會很快忘記。其實別人並沒有像我們自己那樣注意我們。因此,正確理解聚光燈效應有助於消除社交恐懼。

第四章　優質溝通是說話讓人舒服

每個人都想聊自己

收起自己的鋒芒，緊閉嘴巴，讓對方多談他自己。

生活中，很多人經常犯一個錯：表現自己，一定要多說話。然而，在這種思維的支配下，一旦打開話匣子，就難以止住。

這些心理是急於讓對方了解自己，明白自己的意見，話說得太多了。其實，這是一種得不償失的行為，因為話說得多了，既花費精力，又傳遞給他人太多的資訊，讓別人的主角心理在潛意識裡受到傷害。真正的主角屬於滔滔不絕的人，比如會議上那些發言的人。

除此之外，一個說話太多的人，只顧遵循著自己的想法組織言語，對他人缺乏任何了解。他們的話讓對方更多地了解自己，卻無法從對方身上獲得更多的東西。這裡的問題不在於別人太吝嗇，而是他沒有機會，是你不給別人機會。

曾經，公司裡有一個女同事，我們都稱她麗姐。在一次聚會上，她和我們說起了這樣一件事：

從女兒步入青春期以來，她和她的女兒瑞雪的關係一直都不太好，有一段時間，甚至出現惡化的局面。瑞雪以前是個十分乖巧、聽話的孩子，但是當她進入青春期之後，卻與母親產生了許多矛盾，拒絕與母親合作。麗姐曾試圖用各種方法說服、教

每個人都想聊自己

育她,但都無濟於事。

「她根本不聽我的話,我幾乎對她絕望了。她已經快要會考了,還約她的朋友去玩。當她回來的時候,我很生氣地罵了她。

「我已經沒有耐性了,我傷心地對她說:『瑞雪,你怎麼變成這樣了?』」

「瑞雪似乎看出了我的痛苦。她問我:『你真想知道嗎?』我點點頭。於是她開始告訴我以前從未跟我說過的事情:我總是命令她做這做那,卻從來沒有想過要聽她的意見。當她想跟我談心的時候,我卻總是用家長的權威說服她。此時,我才知道,瑞雪其實很需要我的理解,但她希望我不是一個獨斷、專制的媽媽,而是一個親密的朋友,這樣她才能傾訴煩惱。而以前,我從未注意到這些。從那以後,我開始讓她暢所欲言,而我總是認真地聽。現在,我們的關係大大改善,我們成了好朋友。」

我依然記得,麗姐和我說完之後,意味深長地說了一句話:

讓她暢所欲言,她對於自己的事情、自己的問題知道得比較多,所以,多問她問題,她會主動告訴你所有的事情。

我的一個同學,一個多月以前來臺北出差。

我說,在他談好生意後,我要帶他到這座城市參觀一下。他告訴我,沒問題,不過他並不看好這次投標,因為價格方面分歧很大。

第四章　優質溝通是說話讓人舒服

　　一天後，同學打電話告訴我，生意談成了，讓我帶他到這座城市參觀，費用他全部報帳。

　　後來，同學告訴我，生意的成功完全在他意料之外。

　　「在具體詳談的時候，他拿出我事先寄給他的資料。我並不抱多大希望，而且聽說他已經決定了一個投標機構，之所以見我，是看重我們公司的資歷，想坐地起價。

　　「一開始，我沒有像以往一樣，拚命地介紹我們公司的資歷和所取得的成就，而是問：『如果能夠與貴公司合作，我將會十分自豪。聽說您在 25 歲的時候開始建立這家公司，成立之時只有一張桌子、一間辦公室、一個二手桌上型電腦，簡直難以置信。這是真的嗎？』其實，這個是我來之前聽經理和我談的，我的出發點很簡單——找個話題。

　　「後來，我才知道，每個成功的人都喜歡回憶自己早年的創業經歷，尤其是艱辛的創業歷程，並且十分高興別人能聽他講下去。他也不例外。他跟我說了很久，說了他如何依靠 20 萬元現金開始創業，每天工作 16 小時，沒有休息日，甚至春節外面鞭炮陣陣時，他依舊在努力，終於被他抓住了一次機遇。

　　「整個過程中，我說的話很少：『然後呢？』、『這真不可思議』、『換作是我，我根本堅持不下去』，如此而已。」同學說道。

　　「最後，這個老闆說：『根據你們的價格，再降低 10 萬，我們就成交。』這讓我很意外，這次的殺價是幅度最低的。」

> 每個人都想聊自己

　　我問：「然後呢？」同學說，然後就是現在這樣子了。我們會心一笑。

　　同學成功的原因可能沒有這麼簡單，但是有一點十分重要：他聰明地提出了一個對方十分感興趣的問題，並且鼓勵對方多說話，因此給了對方很好的印象。

　　人性的自重感，來自比較，這種感覺出現在當對方勝過我們的時候。然而，當我們勝過他們的時候，讓他們有一種自卑的感覺時，我們也會引起他們的猜忌與嫉妒。

　　讓對方滔滔不絕地談自己，是在給對方一個機會，一種能夠讓對方有自重感的機會。滿足了對方的心理需求，他自然會在心裡感激給他自重感的人。

　　要實現有效溝通，就要盡量讓對方多說話，他們對自己的成就和經歷一定比對你的了解要多。因此，在必要的時候，向他們多提一些問題，讓他們在表現自重感的過程中，告訴你一些事情。這樣做將會使你們的交流更有效果。

　　當然，在溝通的過程中，如果你不同意對方的觀點，你可能會想去反駁他。可是你千萬不要這麼做，因為這將是非常危險的。當一個人在自重感的支配下，將自己觀點表達出來的過程中，他絕對會對反駁他意見的人很反感──異於平時被反駁的反感。例如，一個飢餓的人，正在狼吞虎嚥的時候，被別人搶走飯碗，這會讓他發瘋，比讓他一直保持飢餓更嚴重。

第四章　優質溝通是說話讓人舒服

　　因此，對別人有反對意見時，你要做的事情就是聽聽他有什麼觀點，鼓勵對方充分地表達自己的意見。

　　然而，現實中很多人為了讓別人的意見與自己的觀點保持一致，往往採用一種錯誤的策略：說話太多，用自己的觀點強行征服別人的意見，這往往會適得其反。

會聽比會說重要得多

一個溝通高手，總是鼓勵別人談論他們自己。

最近我受邀參加一位作家舉辦的聚會。

聚會結束之後，時間還早，大家玩起了撲克牌。我不會玩，其中一個漂亮的女士也不會玩。

她知道我幾天前剛剛和一個攝影家去花蓮，順便拍了一組風景照，作為即將出版的一本介紹旅遊勝地的旅遊手冊的圖景，而她接到出版社的任務，策劃出版一套「風景即歷史」的學生讀物。

當我們坐在大廳的沙發上的時候，她提到她不久前去旅遊時的經歷。

那次，我們交談得很愉快。交談的過程中，她不再問我名勝古蹟、人文風俗。她不要聽我談論我的旅行、我的所見所聞，她要的不過是一個認真的傾聽者，使她能擴大她的自我，所以她一直在講述她到過的地方。

接近一個小時的交談，我的任務很簡單，認真地聽她說，時不時地點頭表示認可，偶爾會稱讚、響應一下，這些就是全部了。

聚會解散的時候，她高興地對我表示感謝，說：很久沒有

第四章 優質溝通是說話讓人舒服

這麼開心了。她是特例嗎？其實，很多人都像她那樣。

後來，她對我說：「很少有人能夠拒絕接受專心注意所包含的諂媚，你比專心注意還進了一步，你是誠於嘉許，寬於稱道 —— 這種傾聽是對任何人的一種最高恭維。」這樣，我使她認為我是一個善於談話的人，但實際上我不過是聽她說了一個小時的話，一直鼓勵她講話而已。真的，我其實並沒有做什麼。

有效溝通的祕訣是：專心傾聽。這很重要，沒有別的東西比那樣更使人開心。

美國著名的業務員吉拉德，他的成功祕訣是什麼？吉拉德說：

先前，我一直認為業務員最重要的是口才，其實不是。業務員出現的地方，就像是廣場一樣，他會喋喋不休地大談特談自己所推銷的東西，從品牌說到品質，從品質說到價格，一刻都不會停歇。但這種推銷方式效果都不是很好。

為什麼？

人性中，有一種「我是主角」的心理，大多數人都不喜歡聽別人談話，而是喜歡別人聽自己說話，喜歡談和自己有關的事，而不是和別人有關的事情。

一個人重視自己牙痛的程度遠遠超過死亡百萬人的天災。因為他關心的是發生在自己身上的事情，自己的牙痛問題才是真正的主角，而死亡百萬人的天災即便是與他有關係，至少目前

會聽比會說重要得多

他還活著。

普通業務員在推銷產品時，95％的時間是自己在講話或推銷產品，顧客只有5％的講話時間，而且這5％的時間還是在決定是否購買。吉拉德透過經驗總結出了一條規律：將聽和說的比例調整為2比1，也就是70％時間讓顧客說，自己傾聽；30％時間自己用來發問、讚美和鼓勵他說。這樣，才能推開推銷之門，成為頂級的業務員。

這天，他向一位女士推銷有機蜂蜜，剛剛敲開對方的大門，這位女士就大聲叫嚷：「你們的推銷剝奪了我選擇的權利，我是不會購買你的商品的。」

吉拉德立刻閉上嘴巴，轉動腦筋，並細心觀察。

突然，他注意到女主人家的臉盆裡擺著一張剛剛揭下來的面膜，問：「夫人，你的皮膚真好，我猜你肯定非常愛惜你的皮膚，一定經常敷面膜。」

「是，我曾經還做過面膜培訓師呢。」女主人依舊是態度冷淡。

「真的？那太棒了，我要好好請教你，我的女朋友經常在外面跑業務，儘管已經很注意保養皮膚了，但是和你比起來，簡直是相差十萬八千里。你看你現在的皮膚，像個二十幾歲的少女，而她才二十幾歲，卻有像四十幾歲的皮膚，為此，她非常苦惱。」

接下來，女主人將自己知道的關於面膜的知識，向吉拉德娓娓道來，吉拉德認真傾聽的過程中，還不時地說著：她以前

第四章　優質溝通是說話讓人舒服

就沒有注意到這些方面……快要結束的時候，吉拉德提出了自己的建議：「其實，我還有個建議不知道對不對。我聽說將蜂蜜和珍珠粉放到一起，均勻地塗到臉上，會使皮膚更光滑、更細膩，對嗎？」

「對！蜂蜜確實是一種做面膜的好原料，不過現在的蜂蜜中，蜂蜜的純度都不是很高。」女主人說。

「其實，夫人，你可以試試我們公司生產的蜂蜜，這是有機蜂蜜，純度達到 60％，而且含很多人體缺少的硼元素，你應該也知道，硼元素是人體不能合成的一種元素。」

「你說得非常對，我決定購買你的兩瓶蜂蜜。」女主人高興地說道。

最後，這位女主人一邊打開錢包，一邊說：「就算我的先生也不會聽我嘮嘮叨叨講這麼多，而你卻願意聽我說了這麼久，甚至還能夠理解我的這番話，真的太謝謝你了。希望改天你再來聽我談面膜，好嗎？」

隨後，她爽快地從吉拉德手中接過了兩瓶蜂蜜。

一個再挑剔的人，甚至是無理的指責者，也常常在一個耐心的、同情的傾聽者面前軟化、被降服，而這需要傾聽者在對方張牙舞爪的時候，用微笑去化解。

世界上最困難的事情是閉上嘴巴，假如你不張開耳朵，不適時地閉上嘴巴，你就會失去無數機會。

會聽比會說重要得多

從人性的本質來看，焦點心理就是每個人最為關心的是自己。他們喜歡別人關注自己，喜歡別人談論或者傾聽到與自己有關的東西。

由於有這種心理的存在，有些人便經常犯這樣一種錯——不喜歡聽人講話，要麼滔滔不絕與人說個不停，不顧對方作何反應；要麼當對方講話時，注意力不大集中，東張西望，心不在焉，甚至走神。這種不良的行為習慣會成為有效溝通的絆腳石，有礙於社交的效果。

美國著名的婚姻心理專家麥麗絲的成功祕訣是：

心理醫生必須是一個合格的傾聽者，許多人走進診所，要的僅僅是一個傾聽者而已。

有一次，一個女士走進辦公室，讓我幫助她。接著，她告訴我，她的老公對她很冷淡，已經兩個月沒有一次性生活，連續出差兩個星期……

期間，我只是認真地看著她，偶爾遞過去一張紙巾。40分鐘後，她的情緒穩定了，說：「謝謝你，麥麗絲醫生，我已經知道怎麼做了。」

「其實，我什麼都沒有做！」麥麗絲說。

記住：你要使人喜歡你，那就做一個善於傾聽的人，鼓勵別人多談他們自己。

第四章　優質溝通是說話讓人舒服

不論好壞，先誇一誇

> 要實現有效溝通，達到預期目標，你需要用鼓勵去促使對方進步。

我的妻子在不久前喜歡上了書法，這源於她有一次去公園裡玩的時候，看到公園裡有位老者手握一公尺長的毛筆，蘸水在地上寫字。

當老者說他從30多歲才開始練習書法時，我的妻子更加堅定了要學習書法的信念。

我覺得，每個人都應該有一個業餘愛好，我選擇支持她。

她報了一個書法班學習書法。初次試學時，妻子很失望，她告訴我：「那位老師說我沒有天賦，寫的字十分醜陋。總之，是不適合學書法，反倒建議我學習舞蹈之類的課程。」

我對她說：「換一個地方學吧，他根本不具備成為老師的資格，有什麼資格開才藝班呢。」

妻子只好重新報了一個才藝班，初次試學後，她高興地對我說：「老師誇獎我有恆心，說人都應該有一個業餘愛好，有益身心健康，還能陶冶情操。說儘管我沒有書法天賦，但依靠後天的努力同樣可以有所成就。而且舉了上次我在公園裡看到的那位老者的例子鼓勵我。」

不論好壞，先誇一誇

最後，妻子自信地說：「我現在感覺到前途一片開闊。」當然，我的妻子第二天就把學費交了。

我想說，兩個老師表達的可能是相同的意思，第一位老師甚至更中肯，但是卻斷了未來的路，第二位老師採取鼓勵的方法，送給別人希望和信心。

不管做什麼，我們都需要鼓勵。鼓勵不僅能夠讓人感覺到自重，還能夠讓人在自信上引起共鳴。

我們需要別人的鼓勵。當然，他人也需要我們的鼓勵。一句鼓勵的話，一個鼓勵的動作，常常是舉手之勞。而舉手之勞帶來的力量，有可能是自己無法想像到的。

這讓我想到了不久前的一件事：

下班回家，上樓的時候，我聽見走廊裡傳來琅琅的讀書聲，這是一個小女孩小雅的讀書聲，聲音聽起來像是剛睡醒一樣。我突然想到，不經意間聽小雅的媽媽說，小雅要參加學校的演講比賽。我推測小雅缺乏信心，便想給她一些鼓勵。

可能是聽到了我的腳步聲，小雅停止了讀書，不好意思地望著我。

我也看到了她，便鼓起了掌，她好像有些不好意思，我對她說：「小雅，很不錯呀，要是信心再足一些的話，就完美了。」說完我就回去了。

幾天後，小雅看到我，老遠就跑過來，對我說：「叔叔，謝

117

第四章 優質溝通是說話讓人舒服

謝你的掌聲,是你的掌聲讓我有了信心,真是太謝謝你了,你看這是我的獎狀。」

獎狀上寫著:李小雅同學,在學校舉辦的演講比賽中榮獲一等獎,特發此狀,以資鼓勵。

現在,每次看到小雅,都發現她和以前再也不一樣了,現在的她,做什麼事情都有信心。我高興極了,這畢竟有我的功勞。

是啊,鼓勵他人很簡單,只需要你有一顆真誠對待他人的心。

人性需要來自外在的動力,也容易受到外界動力的影響,比如,一種負面、悲觀的力會在一定程度上降低人的活躍性,造成一種阻礙的作用。但是正面、鼓勵的動力,則會提高人性的活躍性,讓它處於一種自信的環境中,這種環境帶給人性的動力是非常強大的。

人性容易受到外在的影響。一個人經常生活在一種悲觀、絕望的環境中,讓心境長期處於這種負面的環境中,人性中的樂觀、健康、陽光的部分會逐漸被磨平,而心境被外在的負面、悲觀的情緒滲透,蛻變為一種負面情緒。人的行動力通常來自心境,而心境處於一種負面的環境中,導致行動缺乏力量。

反之,如果人性得到外在的鼓勵,會增加心境的行動力,被一種正面的、健康的情緒所感染,必定會發揮出強大的行動力。

和我們每個人都要面子一樣,人們是非常熱衷於別人的鼓勵,喜歡得到別人的讚許。因此,在人際溝通的過程中,實現

> 不論好壞，先誇一誇

有效溝通，要時時牢記一個原則：

當你與人溝通時，不要忘記鼓勵別人，告訴別人「你行的」、「你一定能夠完成任務」、「我相信你」等一些正面的暗示言語。

這是在鼓勵他人，是在加油、肯定別人，是對別人的一種讚許。這種肯定、讚許同時也會為自己贏得良好的人緣。

美國總統羅斯福說：

與我們本身所具有的成就相比較，鼓勵別人只屬於精神層面的付出。我們只利用我們精神資源的很小一部分，卻會給別人強大的精神支持。從人性的角度上來說，人類中的個人就這樣生活著，遠在他應有的極限之內；他擁有著各種強大的、未被發掘的力量，但這種強大的、未被發掘的力量卻未被利用。

不要吝嗇精神層面上的很小一部分資源，這是改變別人，實現有效溝通的一個非常好的方法。

鼓勵他人絕對是非常值得的精神付出。

第四章 優質溝通是說話讓人舒服

面子給你，裡子給我

> 要實現有效溝通，需要保住別人的面子，因為替別人留面子便是替自己加分。

有一個關係很好的女同學，在跟我閒聊的時候，說了一件讓她很困惑的事情：「我的丈夫是個很不錯的男人，在家中，無論我說了多少抱怨的話，他都會微笑而耐心地聽完，可以說對我是寵愛有加。但在公司裡，待我就判若兩人。」

她說道：「有次，我有急事打電話到他公司裡問他事情，他回答的態度一點也不親切，用那種冷淡且不高興的態度，而且不願意多說一句話，哪怕是一個字，盡是機械性一個字的應答，如『嗯』、『哦』之類的，態度非常不耐煩。開始的時候，我還以為是他遇到了不高興的事情，可是此後一連幾次都是如此。

「甚至有一次，我去公司找他，我走過去坐在他的身邊，他的態度變得淡漠，冷冷地說『你先回去吧』。一點沒有平時的溫柔感覺，讓我深感受傷。回到家之後，他極力哄我，卻始終不肯告訴我原因。」

說完之後，她問我這是怎麼回事。先不做解釋，再來說一個案例：

卡內基去生產部視察，針對市場上最近出現的「卡內基鋼鐵

集團生產的鋼鐵出現了品質問題」進行審查，在審查某個材料的品質環節中發現了問題。卡內基知道，品管問題對一個企業的生存、發展有著多麼重大的意義。

頓時，他怒氣湧上心頭，當著陪同人員的面，大聲質問品質檢驗員，場面相當尷尬。卡內基越說越氣，說：「這是一件非常要命的事情，即便是我家裡的傭人，都不會犯這種錯。」

本來並不是非常嚴重的事情，但是卡內基的語調以及態度帶有很強的攻擊性，言辭也極為苛刻。

事實上，卡內基的意思只是想提醒品質檢驗員在工作中要更為認真和嚴肅，因為市場上鋪天蓋地的負面新聞牽動了他的神經。

這名品質檢驗員已經為公司效力了六年的時間，為了使自己不致在同事、上司、下屬面前丟掉尊嚴，對卡內基輕輕地說了一句話：「那你讓你家裡的傭人來做這份工作吧。」

頓時，場面更加尷尬。這句話足以使卡內基一生銘記。後來，卡內基在自己的回憶錄裡寫道：

這是我犯下的一個極為愚蠢的錯，甚至為此親自寫信，表示道歉。他接受了我的道歉，卻再也沒有出現在我的公司裡。

再來說一個：

在電影中有一句臺詞：誰給我面子，我給誰金子。到了這裡，或許你已經知道上面案例中的原因了。

第四章　優質溝通是說話讓人舒服

妻子到公司找老公，讓老公在同事面前失去了威嚴感，也就是失去了面子。老公以一副冷冰冰的表情對待妻子，其實是在維護自己的面子。

卡內基的品質檢驗員因為丟了面子，毫不留情地離開了效力六年的公司。相信品質檢驗員說出「那你讓你家裡的傭人來做這份工作吧」這句話的時候，丟面子的是卡內基，因為他的權威受到了挑戰。

生活中，我們踐踏別人的感情，毫不顧慮地訓斥、譴責甚至是謾罵，這個過程對雙方都是一個煎熬。一方面子丟盡，尊嚴蕩然無存；另一方醜態百出，威嚴掃地。

何必呢？即便是一隻狗，也會要面子。如果你對著一隻狗大吼大叫，牠也會對你齜牙咧嘴。

如果能夠採用另一種方法，一兩句體恤的話，一點點對對方的態度的真實了解，換來的將會是另外一種結果：一幅溫馨、和諧的場景。

面子問題更被人看重。「人要臉，樹要皮」，這句話道出了人性的一大特點：愛面子。

然而，生活中，我們只愛自己的面子，卻完全忽略了別人的面子。我曾經親眼看到過這樣一件事：

一個三歲的小男孩，在花園裡和很多小朋友在玩耍。可能小男孩是偷偷地從家裡跑出來的，媽媽並不知曉。當媽媽驚

面子給你，裡子給我

慌失措地看到他時，黑著臉當著眾人的面，狠狠地打了孩子一頓，很多家長見狀都上前拉開了孩子。倔強的小男孩沒有哭，但是從他眼裡流露出對媽媽的仇恨，讓我感覺到膽怯，那種目光我從來沒有在一個三歲的男孩臉上見過。

周圍的老人沒有指責小男孩，卻指責起了那位年輕的媽媽。可能是惹了眾怒，年輕的媽媽皮笑肉不笑地表示道歉，招手讓孩子過來，卻遭到男孩的拒絕。

一個孩子拒絕投入媽媽的懷抱，該是一件多麼尷尬的事情。

誰丟了面子？又丟了誰的面子？

一個三歲的孩子居然會有這麼強烈的面子心理，何況是成人呢？

面子是人性的一道心理防線，一旦這道防線被攻破，會激起別人強烈的牴觸。如果我們不給他人退路，不給他人臺階下，人性的反抗心理會驅使他人採取最原始的行為——自衛。

要面子並不是人性的劣根性，而是一種心理需求。愛面子並非一無是處，因為面子，才會遵守一定的制度規章。愛面子的心理，讓人不論在什麼職位上，都會盡自己的努力而不甘落後於人。很多人要想方設法留住自己的面子，還要想方設法給自己加面子。比如，注重禮貌，讓他們充分體會到自己作為一個人與他人在人格上是平等的；或使用適當的褒獎，讓他們有榮譽感等。

第四章 優質溝通是說話讓人舒服

　　有一位上司,和下屬在一起時,談到另外一個主管,他隨口說了一句:「他要是能調走,我磕頭都來不及。」恰好這句話被對方聽到。由此,兩個人結下了梁子。

　　上司這句不經過大腦的話,便是讓人丟了面子的話。

　　與人交往的過程中,面子問題是一個不容忽視的問題。給別人留面子,是一個何等重要的問題,卻常常被很多人忽略。

　　面子是一個社會性的問題,不會因為身分、地位而發生變化。上司要面子,下屬同樣要面子。有錢人要面子,窮人也同樣需要面子。

　　社交場合中,讓別人丟了面子,等於與別人結下了梁子,不利於人際關係的溝通。

給別人一種優越感

> 滿足別人的優越心理，最後優越的是自己。

1908年，富蘭克林‧羅斯福進入華爾街的卡特‧萊迪亞德和米爾本律師事務所擔任律師，負責一些民事訴訟方面的案子，他的助手是一名剛畢業的法律專業的學生。

這天，羅斯福在為一件即將公開審理的案件尋找法律依據時，在一本厚厚的法律寶典中尋找一條法律依據，卻怎麼也找不到。

「請過來一下！」羅斯福叫來了正在辦公室忙碌的助手，「我不知道你肯不肯幫我解決一點困難，請你告訴我這條法律依據在法典中的什麼地方，好不好？」

這個問題的效果像閃電一樣快，助手興奮地接手這個工作，短短十五分鐘鐘，他將這條法律依據認真地用紅線標註，交給羅斯福。

羅斯福在後來的自傳中寫道：

雖然他只是我的助手，但是在知識層面沒有職位高低，只有求知與求教，他知道我不知道的事。我必須以求教的姿態向他打聽，這樣我就給了他一種自重感。

當時，羅斯福只是一個青年，他將自己所有的儲蓄都投資

第四章　優質溝通是說話讓人舒服

於福利事業中，設法使自己被推舉為紐約州議會的祕書，因為這個職位能夠服務民眾，同時也讓民眾有了解他的機會。

羅斯福很成功，一年之後他以民主黨的身分進入紐約州議會，開始涉足政界。

這個工作很好，羅斯福很喜歡，也非常願意做。但他的人際關係出現了危機。議會中的一位有權勢的人法爾科對羅斯福非常有成見。這全部都是因為在一次會議中，羅斯福的演講擊敗了法爾科的緣故——演講是無法避免的社會行為。

在政界中，很多人寧願不與別人結緣，也不願意與別人結怨，因為這是一件非常危險的事情。

羅斯福應該怎麼辦呢？這是一個非常重要的問題。羅斯福想到了一個好的方法。

羅斯福請法爾科做一件他自己喜歡的事情——一件能讓他感覺勝過羅斯福的事情，能夠刺激他虛榮心的事情，一件非常巧妙地表示羅斯福對他的知識、成就讚賞的事情。

「法爾科，你的提案真的棒極了，有空的話，能像老師一樣指導我一下嗎？」羅斯福找了一個很好的機會，當時法爾科的身邊聚集了很多人。羅斯福的這句話讓法爾科很受用，他有點意外，但隨即高興地說：「非常樂意！」

此後，在會議廳遇到法爾科，他主動同羅斯福打起了招呼，在此之前，從來未出現過這種情形。「富蘭克林，無論什麼時候

給別人一種優越感

都願意幫忙！」後來，他們成了好朋友。羅斯福競選的過程中，法爾科為他出謀劃策。當時，總統競選是在嚴重經濟危機的背景下進行的，法爾科親自為他組織講演稿，才出現了這句話：

一個總統不一定是一個雜技演員。我們選他並不是因為他能做前滾翻或後滾翻。他做的是腦力勞動，是想方設法為人民造福。

羅斯福使用的方法，是把對方當老師的心理學，還在繼續發揮人際溝通中的潤滑作用。

有哲學家說：「如果你要得到仇人，就表現得比你的朋友優越吧；如果你要得到朋友，就要讓你的朋友表現得比你優越。」

這句話很正確，當我們的朋友表現得比我們優越時，他們就有了一種自我看重，同時覺得自己是重要人物的感覺。但是，當我們表現得比他們優越，我們在覺得自己重要的時候，他們就會產生一種自卑感，造成羨慕和嫉妒。出現這樣的情況的時候，你距離失去你的朋友就不遠了。

聰明的人對自己的成就總是輕描淡寫，謙虛，不張狂；愚蠢的人則大聲喧譁，譁眾取寵，結果眾叛親離。為人處世的過程中，我們要保持低調的同時，還要讓別人有一種優越感，滿足別人的優越心理。

我的一個朋友，經營一家修車廠，雖然地處郊區，但是生意十分好。有的時候，有顧客來這裡修車，修車花的時間比較

第四章　優質溝通是說話讓人舒服

長，顧客會覺得很無聊。朋友看到這種現象，便讓另一個好友在自己的修車廠附近開一家餐廳，這裡租金便宜，而且來這裡修車的人大多是有錢人，一旦成功利潤不會小。

他接受了我朋友的建議，在修車廠附近開了一家餐廳，果然，很多來修車的人都會光顧那家餐廳，慢慢地盈利收入逐漸超過了修車廠。

幸運的是，這人是一個溝通高手，無論何時，每當有人誇他腦筋好，有生意頭腦的時候，他都會謙虛地說：「這完全要歸功於我的好兄弟，我能有今天都是他的成就，他是我成功路上的老師。」

這讓朋友非常高興，不僅沒有因為對方的生意好過自己而眼紅，反而為對方餐廳的規模以及經營方法提出了很多合理的建議。

生活中很多人都有這麼一種心理，能看得別人比自己弱，卻看不得比自己弱的人變得比自己強。這是人人都具有的一種優越感的心理。

給別人一種優越感，滿足別人好為人師的心理，有助於在生活和工作中走得順利。低調的人早已意識到了這一點，他們從來不自己獨享榮耀，也不與朋友分享榮耀，他們做的只是把優越感讓給別人。

在我們的周圍總會看到這樣一些人，過強的優越感讓他們

> 給別人一種優越感

過於迷戀出頭的感覺，一味張揚，表現自我。雖然他們滿足了自己的優越感，他們的確引起了很多的注意，可惜這種注意帶來的只是負面看法和評價。他們成了眾人反感、厭惡的對象。日常工作中不難發現這樣的朋友，其人雖然思路敏捷，口若懸河，但一說話，就令人感到他很狂妄，因此別人很難接受他的任何觀點和建議。這種人多數都是因為想要表現自己，總想讓別人知道自己很有能力，處處想彰顯自己的優越感，從而獲得敬佩和認可，結果卻往往適得其反，失掉了在朋友中的威信。

生活中，每個人都想比別人更突出，想比別人優越。所以滿足別人的優越感，滿足別人好為人師的心理，會為自己贏得很多人的幫助。

在交往中，任何人都希望能得到別人肯定的評價，都在不自覺地強烈維護著自己的形象和尊嚴，如果他的談話對手過分地顯示出高人一等的優越感，那麼無形之中是對他自尊和自信的一種挑戰與輕視。

世界上不是沒有美，而是缺少一雙發現美的眼睛。」同樣的道理，身邊有很多人，他們身上都有我們值得學習的地方，要學會利用身邊的資源，給別人優越感，從而讓自己走上成功的道路。

第四章　優質溝通是說話讓人舒服

了解並滿足對方需求

> 了解對方的欲望，滿足對方的需求，這是成功實現溝通的重要條件。

有一天，杜拉克的顧問公司走進了一個臉色沉重的人，他直接找到杜拉克。

「我和我公司員工的關係鬧得很僵，儘管他們很少從口中說出來，但是我能感覺出尷尬的氣氛，這讓我很壓抑。我曾經透過很多種方式試圖擺脫尷尬的氣氛，比如出去旅遊，或經常購買一些日常用品給他們，但公司的氣氛似乎一直不怎麼樂觀。」這個臉色沉重的人說道。

「另外，我敢做出保證，他們的薪水絕對不低。」這個人又補充了一句。

杜拉克沒有直接給他答案，而是對他說了一個故事：

每年夏天，我都會去密西西比河度假、旅遊，那裡的風景極好了。其中，在密西西比河釣魚是我最享受的事情。我個人非常喜歡吃奶油蛋糕。但是，我知道魚的本性，牠喜歡吃蚯蚓。因此，當我釣魚的時候，我不會在魚鉤上掛上我愛吃的奶油蛋糕作魚餌，而是掛上一條蚯蚓作魚餌。這樣，我恰好滿足了魚的需求。相信如果我掛上奶油蛋糕之類的魚餌，肯定不會釣到任

> 了解並滿足對方需求

何一條魚。

杜拉克說完之後,對他說:使用我剛剛說的方法,如果有效果,寄一張支票給我即可。

兩個月之後,杜拉克收到了一張20萬美元的支票。

蚯蚓能夠滿足魚兒的需求,在人際溝通的過程中,為什麼不能用同樣的常識呢?

我的外甥,小小年紀就出現了嚴重的偏食、挑食現象,經常是這種蔬菜不吃,那種蔬菜也不吃,這讓他的父母很苦惱。營養不良的他,像個小蘿蔔似的。

這天,在公園裡陪他踢足球,我問:「你長大後準備做什麼?」他回答說:「做個像梅西一樣的足球員。」

我說:「你知道梅西的腳法為什麼如此靈活,運動天賦為什麼如此出色嗎?」

他搖搖頭。

我說:「因為梅西的營養均衡,不會挑食、偏食,哪像你一樣,這也不吃,那也不吃,瘦得像根竹竿一樣。不看你的技術,單憑你的身體,就無法進入足球世界。」

從那以後,他再也沒有出現過挑食、偏食的現象,還用自己存的零用錢購買了一本食譜,讓媽媽照食譜做給他吃。

當足球員的條件是他所需要的,他知道如何做才能夠實現。

第四章 優質溝通是說話讓人舒服

人際溝通中,能夠影響他人的方法是談論他所需要的,並滿足他的需求。

美國心理學家馬斯洛(Abraham Maslow)經過長期研究,把人的需求分成生理需求、安全需求、歸屬與愛的需求、尊重需求和自我實現需求五類,由較低層次逐漸排列為較高層次。各層次需求的基本含義如下:

生理上的需求是人類維持自身生存的最基本要求,包括呼吸、水、食物、睡眠、生理平衡、性等需求。這是人的基本需求,是推動人們行動最首要的動力。馬斯洛認為,只有這些最基本的需求滿足後,其他的需求才能成為新的激勵因素。

安全上的需求包括人身安全、健康保障、財產權、道德保障、工作職位保障、家庭安全等。這些是人的智慧和其他能量的需求。和基本生存需求一樣,當這種需求一旦相對滿足後,也就不再成為激勵因素了。

情感和歸屬的需求包括友情、愛情、性親密等。這是感情歸屬的需求,這種需求比生理的需求要複雜得多,滿足的方式也是多種多樣。

尊重的需求包括自我尊重、信心、成就、對他人尊重、被他人尊重。這是人性中較高層次的需求,當人達到一定的成熟階段,需要得到來自外部的認可。比如,希望自己有穩定的社會地位,要求個人的能力和成就得到社會的承認。這裡,對尊重的需

> 了解並滿足對方需求

求又分為內部尊重和外部尊重。內部尊重是指一個人希望在複雜的社會大環境下自身具備實力、能勝任自己的工作、充滿信心、獨立自主。外部尊重是指在複雜的社會環境下，能夠得到來自外界的認可和尊重。馬斯洛認為，尊重需求得到滿足，能使人對自己充滿信心，對社會滿腔熱情，感受到自己活著的用處和價值。

最高層次的需求是精神層面上的追求，來自自我實現的需求，包括道德、創造力、自覺性、問題解決能力、公正度、接受現實能力等人性深層的滿足。

這些需求因人而異，因外部環境的變化而變化。

人際溝通中，在潛意識裡，你要求某人去做某事，在你同他溝通之前，你需要了解一下：我怎樣能夠使他「要」做這件事？他做這件事的需求是什麼？想得到些什麼？

這些問題可以防止我們匆匆忙忙去見某人，無結果地談論我們的欲望。人性是自私的，做某件事的動力是「為了……」，而不會平白無故地去做。如果你要求他去做某件事，而不能夠實現人性的「為了……」，無法滿足別人的需求，便找不到支持的理由去做這件事。

比如，你患了嚴重的感冒，走進一家醫院，醫院的醫生認識你，知道你是一位有名氣的人物。他沒有關注你的病情，而是極力地吹捧你的能力、名氣，完全不顧你此時的需求，相信你會非常氣憤。

133

第四章　優質溝通是說話讓人舒服

　　正在承受疾病折磨的你，潛意識裡是對健康的追求，而對方則極力地滿足你的「被他人尊重」的需求，儘管「被他人尊重」屬於更高層次的精神需求，但此時並不屬於你的根本需求，相信這位醫生無法滿足你。

　　只有能設身處地地去了解他人的需求、了解他人心理活動的人，才能最大限度地滿足別人的需求。

　　社會生活中，每個人都有自己的需求。人性的自私讓很多人做事往往只單方面強調自己的需求，而忽略或不顧他人的需求。人性需求是需要雙方共同實現的需求，只有雙方實現彼此的需求，才是有效的溝通。如果單方面強調自己的需求，忽視或不顧他人的需求，我們反倒無法實現自己的需求。

　　管理者分為卓越的管理者和普通的管理者，為何有些人能成為卓越管理者，業績顯著，而有些人只能是平凡的上司呢？因為卓越的管理者善於從考慮下屬的角度作為出發點，而後者只是想到實現自己的目的，沒有考慮下屬的需求與反應。人際溝通中的很多案例都取決於你抓住對方需求、滿足對方需求的能力。

第五章
掌握分寸，才能良好溝通

在社交中，一句非常隨意的話也可以引起聽的人很強烈的心理反應，用通俗的說法來講，就是「說者無意，聽者有心」。好比平靜的水，表面上看像一面鏡子一樣，但下面卻暗流湧動。

第五章　掌握分寸，才能良好溝通

心直可以，口不能快

> 與人溝通的過程中，言多必失，以慎言為主，實現有效溝通。

會說話，可以讓一個人少奮鬥十年。相反，不會說話，可能要多花費十年。

舉個我的例子吧！

我剛剛進入職場不久，就因為說錯話，挨了一頓罵。

當時，已經快到休息的時間了，打進來一個電話，問老嚴在不在，老嚴是經理，我知道這個人是經理的一個朋友，約經理談點事。

我回答說：「嚴經理半個小時前就出門了，現在應該在路上，馬上就到了。」

對方嗯了一聲。

我想替經理的遲到找個理由，於是又加了一句：「嚴經理很忙的。」我的動機很簡單，告訴他，儘管嚴經理非常忙，但還是去赴約。沒想到，對方突然提高了嗓門，說了一句：「他忙？我不忙嗎？」然後結束通話了電話。我覺得莫名其妙。

下午，嚴經理剛進公司，就劈頭蓋臉地訓斥我一頓。

原來，我最後多說的那句為嚴經理找的理由，讓對方很反

> 心直可以，口不能快

感。兩人見了面之後，嚴經理的朋友直接把火發到嚴經理頭上：「你的下屬說你很忙，似乎不太願意接受老朋友的邀請似的，我感覺自己像個無所事事的混混……」

再來說一個我親身經歷的事。

我剛入職不久，上司交給我一個任務，我因能力和經驗不足，工作進展得不順利，後來，上司為了盡快完成這個任務，讓我把任務交接給別人來做。

交接的過程中，我隨口說了一句：「這個任務很難的！」

接手這個任務的同事很狐疑地看了我一眼，我以為他沒有聽清楚，又強調了一遍，而且提高了聲音。

同事聽了之後，很不開心地說了一句：「你解決不了的問題，並不代表別人也解決不了。」

「這個任務很難的！」這句話說給別人聽的時候，別人潛意識裡，會出現這樣一種心理：懷疑我的實力，對我的一種輕視。

想想吧，你輕視別人，如何讓別人對你產生好感？當然，或許這句話對當事人來說，只是一句隨口而出的話，但隨口而出的話，可能到別人耳朵裡，會變得格外刺耳。

有一則寓言小故事，讓我記憶深刻。

故事說的是一個書生請客，約定的時間已經快到了，還有幾個重要的人沒有到場，心裡很焦急，自言自語地說：「怎麼搞的，該來的人還不來？」

第五章　掌握分寸，才能良好溝通

先到的客人聽到了這句話，心生不滿：「該來的沒來，言下之意是不該來的卻來了。」於是悄悄地離開了。

書生一看這種情況，更著急了，說道：「怎麼這些不該走的客人，反倒走了呢？」

剩下的客人一聽，非常不高興，心想：「走了的是不該走的，言下之意是我們這些沒走的倒是該走的了。」於是又都走了。

最後只剩下一個書生的同窗好友，看了這種尷尬的局面，對他說：「話到嘴邊三思何妨，理到真時斟酌無礙。」

書生大叫冤枉，急忙解釋說：「我並不是叫他們走！」

朋友聽了思索一下，說：「不是叫他們走，那就是叫我走了。」說完，頭也不回地離開了。

故事雖然有些誇張，但我們也可以從中看出說話在社交中是多麼重要。

在心理學中，有一個名詞叫做「瀑布心理效應」。這是一種非常態的心理現象，指的是在社交中，一句非常隨意的話也可以引起聽的人很強烈的心理反應，用通俗的說法來講，就是「說者無意，聽者有心」。好比平靜的水，表面上看像一面鏡子一樣，但下面卻暗流湧動。

這種心理現象提醒人們，人際溝通的過程中，話到嘴邊三思何妨？說話與做事一定要顧慮到他人的感受，給足人家面子，千萬別因為一些話語和別人結下梁子。

> 心直可以，口不能快

　　心理學中，人在長時間觀看一些動態事物，比如賽車、運動項目之後，立刻觀看靜態的事物，視覺上會產生一種錯覺，感覺靜態的事物也在動，並且是朝著剛才運動狀態的事物的相反方向。

　　美國科學家經過長期研究發現，這是一種直覺後效，借用神經抑制學說來解釋它：人類的神經細胞是非常複雜的，成網狀結構分布的，它們之間並不是孤立的，而是相互連繫、相互作用的，當你長時間看某一動態事物後，與之相關的細胞就會疲勞，而抑制它與它相反功能的細胞也就相對地得到啟用，當在看靜態事物時，這種相反的運動錯覺就產生了。

　　這種心理告訴人們，與別人交談的過程中，你的某一個工作或者一句話，一旦啟用了它相反功能的細胞，會激起它強烈的活動，原來的精神狀態就會蕩然無存，轉而被一種與先前精神狀態相反的狀態取代，對溝通產生不利的影響。

　　從生理學的角度來說，人的五官各有所長，但也各有各的敏感區域。因思而出，因入而思，這兩個敏感區一入一出，難免曲解。

　　曲解是聽者所為，無法避免，關鍵是管好自己的嘴巴，這是天下最難的事。

　　甚至具有卓越口才的卡內基，也曾有過因自己的「無心」而得罪別人的經歷，這就說明，在與人溝通的過程中，說話的方

第五章 掌握分寸，才能良好溝通

式要有所考究。尤其是聲量控制、遣詞用句等方面要格外謹慎小心，否則就很容易遭到他人之「意」的曲解。

與人諾必踐行

> 人是活在現實中的，既需要看到明天的日出，也需要看到眼前的美景。眼前如果伸手不見五指，又怎能為明天的日出而前行呢？

曹操是歷史上一位非常聰明的管理者。

三國混戰，曹操率兵去宛城討伐張秀。當時是赤日炎炎的七月，連日的奔波，將士們個個汗流浹背，口乾舌燥，士氣低落到了極點。

曹操看到軍隊越走越慢，便想到如果按眼前的狀況走下去，很難如期到達目的地。此時，他心生一計，揚起馬鞭，指著前方對下屬軍士高喊：「前方有一片梅林，趕到那裡我們再休息。」

當兵的聽到曹操的話，眼前彷彿真的出現了一片梅林，想到酸甜解渴的青梅，一個個爭先恐後地趕路，最後終於按期到達。

曹操是一個聰敏的上司，他畫了一個「餅」，用一種潛在的「充飢」力量，成功地幫助士兵們解決了精神上的飢餓感，實現了自己預期的目的。

人心像需要上發條的鬧鐘一樣，一旦失去了發條的鼓動，鬧鐘就會停止不前，任由時間在眼前一分一秒地流逝。

第五章　掌握分寸，才能良好溝通

在本質上，人的情感和觀念會不同程度地受到別人下意識的影響。此時的人們，會不自覺地接受自己喜歡、欽佩、信任和崇拜的人的影響和暗示。

而這種暗示，正是讓人夢想成真的基石之一。

很多管理者畫出了餅，卻沒有達到讓人「充飢」的效果。很多人抓到了「畫餅」這張王牌，卻糟蹋了這張王牌。

幾天之前，我和表弟在一起吃飯的時候，他說：「我想換一份工作，因為越來越討厭老闆的那副嘴臉。」

我詢問原因。

他說，老闆是世界上最會編織謊言的人，經常畫餅。老闆經常拍著他的肩膀說：「好好做。只要你努力工作，公司一定不會虧待你。用不了兩年，保證你有房有車。」

我說，這是在激勵你們，有什麼不對嗎？

表弟說，激勵我們沒有錯，他每天都在「畫餅」，但是他畫的餅，非但不能充飢，還會讓我們更加飢餓。

每次，老闆剛一走，幾個員工就開始嘀咕：「今天老闆又『畫餅』了啊。」

「咳，甭信這個。什麼有房有車啊，全是瞎扯，把女人當男人用，把男人當畜牲使。只見他畫餅，卻從沒有見過餅。」

這種只「畫餅」，卻從未讓下屬「吃過餅」的方式，是世界上最愚蠢的「畫餅」方式。

> 與人諾必踐行

企業中，給員工「餅」是管理者非常重要的一項技能。這裡，可以將「餅」分為基於企業的「餅」和基於個人的「餅」兩大類。所謂基於企業的「餅」，重點在於管理者對企業未來發展目標的前景勾畫。透過勾畫企業未來良好的發展前景，樹立員工信心，加強企業與員工的連繫。而基於個人的「餅」，則偏重於員工的職業規劃，即描繪未來隨著員工能力與業績的提升，所能夠獲取到的精神與物質獎勵。

曹操留給後人如此珍貴的王牌，卻被後人浪費了。

令很多管理者苦惱的是，儘管他們在「畫餅」上花費了很大精力，卻很難取得下屬的認同，更談不上藉此發揮「充飢」的力量。

就像上例中的老闆一樣，費盡心思地「畫餅」，卻招致員工暗地裡的奚落。

在這個層面上，有心理學家留給我們這樣一個啟示：

人心動力不足，需要外界給予讚美、信任和期待，這些激勵、信任和期待具有一種能量，它能改變人的行為。當一個人獲得另一個人的激勵、信任時，他便感覺獲得了社會支持，從而增強了內心動力，變得自信、自尊，並盡力達到對方的期待，以避免對方失望。這種激勵、信任能夠發揮動力的關鍵因素，是需要這些都處於伸手可及的地方，或者透過努力能夠得到的地方。

心理學家曾經做過一個實驗：

第五章　掌握分寸，才能良好溝通

在大街上的一根標竿上，距離地面 5 公尺的地方放一粒鑽石，並宣稱：「不借助外物，誰能碰到這個鑽石，這個鑽石就歸誰。」

一時間，很多人躍躍欲試，但是，後來他們發現，這個是根本不可能完成的事情。慢慢地，再也沒有人湊這個熱鬧。

這告訴人們，即便是鑽石這種極具誘惑力的東西，一旦到了不可及的地步，就不會再有人關注。

發揮「畫餅」的力量，重點在於掌握以下幾個關鍵環節：

「餅」是有理有據，而非空中樓閣。「畫餅」之所以不能「充飢」，是因為「餅的位置」不能取得下屬的認同。也就是說，在下屬看來，管理者所勾畫的「餅」過於虛無縹緲，不具備實現的可能，自然也就無法產生工作的動力與熱情。

正如前文所說，有很多管理者都在不遺餘力地「畫餅」，但這些「餅」有多少是停留在口頭層面而沒有落實為制度的呢？在口頭承諾中，待遇、發展機會、更高的職位……種種美味可口的「餅」在管理者口中猶如滔滔江水，奔流不絕，但是事過之後，這些在下屬心中能夠留下多少呢？

很多管理者認為，「餅」最終變成現實的時間還過於遙遠，似乎大可不必把它弄得過於正式。但是對於下屬而言，畫出的「餅」就是合約與制度。

比如，很多人所熟悉的樂透，500 萬就是樂透畫出的「餅」，

與人諾必踐行

但是從沒有人懷疑過「我中獎後是否真能拿到錢」,原因就在於,樂透的機制是相對完善的。

對於下屬而言,他們需要先嘗一口「餅」是什麼味道,是不是他想吃的,他有感覺了,這個才是他的努力方向。

第五章　掌握分寸，才能良好溝通

不要總想著改變別人

> 不要試圖去改變別人。

紐約市的議員戴維斯，被其政敵艾斯丘連射4槍，艾斯丘又被當時的值勤警察連射6槍。血案過後，兩人雙雙被送往醫院，不治身亡。兩個人都來自紐約布魯克林選區，曾參加議員選舉，讓兩人死於非命的原因，竟然是選舉過程中，試圖讓彼此改變初衷，導致發生激烈的爭吵。

《紐約客》(*The New Yorker*)雜誌在第二天刊登了這樣一首打油詩：這裡躺著的是戴維斯與艾斯丘的屍體，他們離開之時帶著未完成的改造事業——他們是對的，死也是對的，匆匆地死了，兩個人的死如同他們的錯誤是一模一樣……兩個人在對彼此進行改造的時候，或許都是對的，但從改變對方的動機上來說，已經錯得離譜。

這無異於兩隻想將對方置於死地的獅子。

我與妻子在戀愛時期，和諧而甜蜜。九個月的戀愛經歷，我們彼此察覺到對方是如此有個性，兩個人是如此合適。她的觀點、思想我完全理解並接受；我的觀點、思想她完全贊同並給予支持。

新婚前夕，我曾用一句話形容我們的關係——我找到了丟

不要總想著改變別人

失的那根肋骨。然而,婚後我發現,找到的這根「肋骨」卻「刺痛」了我。每個人都是一個相對獨立的個體,「我」就是我,「她」就是她,我們都難以令對方改變。組合成家庭之後,生活總是不斷出現摩擦、爭吵,一些生活的瑣事都會引起摩擦——我們曾經因為廁紙有沒有以格子作為使用標準而大吵一次。直到不久前的一件事,我才突然明白:家庭中,兩個人往往不自覺地要求對方以自己為中心,用自己的標準來要求、衡量和約束對方。兩個獨立的個體,難免會出現摩擦。

家庭生活中,我們都在試圖改變對方的步伐,讓對方的步伐與自己保持一致,卻完全忘記了調整自己的步伐。然而我們只能試圖改造自己,不可能去改造對方,不管他和你處於一種什麼關係。

林肯是美國歷史上最偉大的總統之一,但是人們對他的家庭生活卻頗有詬病。

他的妻子瑪麗是一個性格剛強的人,在與林肯訂婚前,包括她姐姐在內的許多人都加以反對,理由是他們門不當戶不對。但瑪麗直截了當地告訴他們:林肯有前途,是她所遇到的最理想的對象。後來林肯成為總統,有人提起她的「先見」,她只輕描淡寫地說:「如果他當不上總統,我當初就不會嫁給他了。言談舉止中可以看出他能夠是一位偉大的總統。」

瑪麗是一個控制欲極強的人,她讓林肯完全按照自己的意

第五章 掌握分寸，才能良好溝通

志辦事。夏天的時候，林肯喜歡穿短袖，但他的妻子卻總是試圖改造他，理由很簡單：你是我改造出來的總統。

從日常穿衣到生活方式，林肯說：「我的前三十年和後二十年完全是兩種人的生活——這一切都是拜瑪麗所賜。儘管我很不情願，但為了讓耳根清淨，我只好做一些自己不願意做的事情。」

因此，在林肯的筆下，他的妻子瑪麗成了一個十惡不赦的女人——儘管人們一直以同情心來看待瑪麗略帶悲哀的一生。

與林肯的家庭生活截然相反的英國政治家迪斯雷利（Benjamin Disraeli），卻有另一番幸福的生活。

迪斯雷利說：我一生或許會犯許多錯，但我打算為愛情而結婚。

儘管身邊不乏追求者，但迪斯雷利在 35 歲以前沒有結婚。直到他單膝跪在一個有錢且比他大 15 歲的寡婦瑪麗安妮（Mary Anne）面前求婚時，他才走進家庭生活中。

這個比他大 15 歲的女子，知道他不愛她，知道他為她的金錢而娶她。但她卻沒有拒絕他，只是要求一件事：請他等一年，給她一個機會研究他的品格。

十個月之後，他與她結了婚。

迪斯雷利的婚姻引起很多人的嘲笑，英國所有的人都不看好他們的婚姻。英國的《世界新聞報》（News of the World）毫不

留情面地說,他們的婚姻破壞、玷汙了婚姻。他所選擇的有錢寡婦既不年輕,也不美貌,更不聰敏。她說話時常發生文字或歷史錯誤,令人發笑。

然而,他們的婚姻卻成為全英國人最羨慕的婚姻。三十年後,《世界新聞報》在同一刊、同一時期,用最大的標語寫上:一個十足的天才,在婚姻中最重要的事情——處置男人的藝術上。

當迪斯雷利一整個下午與政敵們勾心鬥角,談得精疲力竭之後,回到家裡,瑪麗安的輕鬆閒談使他日增愉快,家成為他可以心神安寧,並沐浴於瑪麗安的敬愛與溫存的地方。

「與瑪麗安在家所過的時間,是我一生最快樂的時間,她是我的伴侶、我的親信、我的顧問。每天晚上我由眾議院匆匆回來,告訴她發生的新聞,而這是重要的——無論我從事什麼,瑪麗安都給予我支持,相信我。」

迪斯雷利在自己的回憶錄中寫道:

30年來,瑪麗安為我而生活,她尊重自己的財產,因為那能使我的生活更加安逸。反過來說,她是我的女英雄,在她死後我成為伯爵;但在我還是一個平民時,我就勸說女王擢升瑪麗安為貴族。幾年後,她被封為女爵。

瑪麗安讓我明白,她是一個智慧的女人。夫妻需要的不是改造,而是適應。瑪麗安不是完美的,但30年來,她從未厭倦談論、稱讚她的丈夫。結果呢?我們已經幸福地生活了30年。

第五章 掌握分寸,才能良好溝通

我們要學習一個時時有用的經驗:我們要學會使我們的客戶、朋友、配偶,在偶然發生的小事情上的討論中,勝過我們。

與人溝通的過程中,不要試圖去改變別人,這是吃力不討好的事,沒有人願意被別人改變,不要和他人製造摩擦,尤其是夫妻、朋友之間。

在面對有分歧的意見時,要學會用紳士的方式處理:我尊重你的觀點,我尊重你的選擇,我尊重你的愛好。談得來,順利溝通;談不攏,互相理解包容。

尤其是關係越親密的人之間,更應該如此。千萬不要試圖用自己的價值觀、人生觀去改變對方,不要以對錯為起點,對錯只是標準不統一而已。更不要試圖把自己的意願和意志強加於對方,否則,再好的關係也會逐漸疏遠。

廢話少說為妙

> 不要閒談，真正高尚的人，是沒有興趣在背後議論別人的。

人是很喜歡閒談的，一直都是。

因此，老話中有這麼一句警示語：靜坐常思自己過，閒談莫論他人非。反映了明哲保身的處世之道。

閒話少說，我來舉一個例子：

下班了，幾個人高高興興地往外走，渾身充斥著一種解放的感覺。

突然一陣腳步聲從身後傳出來，「你們知道嗎？我們的主任有狐臭。冬天聞不到，夏天的時候就使勁往身上噴香水，可還是遮不住狐臭味，可難聞了！」她透了一口氣，津津有味地談論著。原來她剛剛聽說，主任身上有狐臭味。她急匆匆地跑過來要告訴我們的「重要消息」居然就是這麼一件事。說完之後，她以一種特有的優越感看著我們，似乎這真的事關重大。

另外一個長嘴巴接著說道：「怪不得她的身上總是香香的，原來是為了遮住難聞的狐臭味。」

另外一個同事說：「這樣在背後議論別人是非是不是有點不厚道？」幾個聲音同時說道：「喲！你還真是君子啊……」

第五章　掌握分寸，才能良好溝通

聲音尖酸而刻薄。

看看，這就是人性的劣根性，人多並不一定反映民主，還有可能是合起夥來作案。

言語溝通是人類生存的最重要工具。為了生存，人們需要彼此傳達感情，使身心獲得生存的條件。人是群居性的動物，會有孤獨、害怕等負面感情，需要與人交談、交換意見，而談話就是最好的消除負面情緒的方式。

心理學研究發現，與人交談的過程中，談論天氣、運動、遊戲、政治等方面的話題，我們並不能得到多大的教益和知識。但是，談論的這些毫無根據、不著邊際的話題，則會極大地刺激到人的大腦中的一些「邊緣」神經。在神經的刺激下，大腦的神經細胞既能傳導興奮，又能合成、分泌激素。

因此，從人性的角度，我們必須承認，閒談有著刺激神經系統的好處。然而，聊八卦屬於人性的劣根性，畢竟屬於一種負面的習性，必須避免。聊八卦的特徵非常明顯，不問事實，不去調查，不加考慮，多體現為添油加醋。這種八卦的出發點是怯弱的、妒忌的、虛偽的，不問事實的準確與否，就此捕風捉影，搬弄是非，破壞別人的名譽，以獲得自己比別人優越的快樂。

這種卑劣的行徑，實在是再可憐不過了。

大師在即將圓寂的時候，召集所有的弟子，最後一次講解佛法。

廢話少說為妙

弟子問道:「師父,您去世之後,會在哪裡轉世?我們又該拜誰為師?」

大師回答說:「如果不能磨鍊自己的善根,只聽別人說功德,又有什麼用呢?這就像盲人問牛奶是什麼顏色一樣,不如先喝了牛奶更實在。重要的是,從今以後要培養自己的善根!」

文藝復興時期的畫家拉斐爾說:「一個聰明的人,知道如何提出正確的問題,並且仔細地聆聽,慎重地答覆。當無話可說時,就立刻閉上嘴巴,不再東拉西扯。」

「閒談莫論人非,靜坐常思己過」的處世格言,目的就在於想要告誡人們,不要去說三道四,要在適當的時候保持沉默。

釋迦牟尼在世的時候,周圍的人常喜歡說些無聊的話。弟子在修行時,也常聊些雜事。有一天,釋迦牟尼對這些弟子說:「比丘們,你們要徹底地學會兩件事,一是要說有意義的話,二是要適度地保持沉默。」

在為人處世的時候,要遵守說話的規矩,說話要慎重,不該說的話就不要說,該說的話要當面說出來。一個人對自己平日所說的話,要有隨時勇於負責的決心。古人以「禍從口出」來勸誡我們,可是現代的人卻「信口開河」,造成他人的困惑。

八卦是最直接的噪音,如果噪音傳播出去,則會變成公害,這裡的閒談就是一種口害了。瑞士哲學家馬格斯・皮卡德(Max Picard)在《沉默的世界》(*The world of silence*)一書中也提到:

第五章 掌握分寸，才能良好溝通

「話來自沉默，也回至沉默中；噪音來自噪音，又回到噪音中。」噪音就像流水，永無休止。

生活中，和喜歡聊八卦的人要保持距離，因為喜歡跟你聊八卦的人，也會說你的八卦，讓你陷入麻煩的境地。

為了滿足一種虛榮心理，只有兩種方式：一種是積極地訓練自己，掌握一種特長，用這種特長再服務他人，使身心得到愉悅感；另外一種方式是透過聊別人八卦，獲得一種控制和改變別人的優越感，滿足自己的虛榮心。

對喜歡聊八卦的人，要與之保持警戒。人講究禮尚往來，如果別人和你說一件別人的私事，出於回禮，你會在不由自主之中將自己知道的事情告知別人，這樣的話你就大錯特錯，要做的不僅是緊緊地閉上自己的嘴巴，還要將別人和你聊的事情盡快忘掉，如果記在心裡，只會徒增你的煩惱。

人總是為一些小事煩惱，為此，他們浪費了很多不可能再補回來的時間。應該把時間用在值得做的行動和感覺上，去做應該做的事情。

沒有人喜歡被強迫

> 沒有人喜歡被推銷、被強迫。提出建議,將最後的決定權交給對方。

幾天前,在我身上發生了一件非常有趣的事情:

關掉電腦,收拾辦公桌準備離開,我接到朋友的電話:麻煩你去我老婆那裡,把家裡的鑰匙拿給我。

他的老婆劉欣與我是同事。

憑直覺,我知道他們夫妻鬧矛盾了。我無心介入,但問題是,朋友找到了我,我總不能袖手旁觀。

我想撮合他們兩個,對劉欣說:「你老公在樓下,讓你把家裡的鑰匙送下去。」

她拿出來,說:「我不想理他,麻煩你幫我送下去。」看來問題還不小。

劉欣告訴我他們夫妻倆已經一個月沒講話了。

我問為什麼?是吵架了嗎?還是因為什麼原因?

她說,老公的手機用了好幾年了,修了兩次了,該換個新的了。她從廣播裡聽說了一個品牌的手機,功能很多,也不貴,是便宜的山寨機,就想買一支給他。跟他說了,他堅定地說不要。他想買兩萬多元的手機。她沒經過他同意就把手機買回來

第五章　掌握分寸，才能良好溝通

了。他不要。倆人就生氣了。她不明白為什麼男人非要用那麼貴的手機。便宜又怎麼了？不是也能用嗎？

原來是這樣。我對劉欣說：「你呀，人家都說不要了，你非要買。再說，男人都是好面子的，誰不想用高級的手機啊！你的化妝品一年兩萬多，你怎麼不用便宜點的呢？」

劉欣說：「那不一樣。化妝品必須用好的，不然對皮膚不好。手機只要能打就行了。」

我只好作罷。

我想對她說：「我們都應該學會站在對方的角度去思考問題。不要把自己的思想強加在對方身上。每個人都有自己的思想方式、處理問題的方法、消費觀念。也不要因為自己的思想、行為沒有被對方接受而生氣，這是很愚蠢的。而且，夫妻之間長時間的不溝通、不理睬，更會造成夫妻感情不和諧。」

其實，在現實生活中存在很多這樣的案例，我們總習慣用自己的方式、自己的眼光去要求別人，總想讓別人按照自己的想法做事。這是不正確的。

人性的劣根性，總希望自己凌駕於別人之上，不管是思想還是地位。如果遇到與自己不同思想的人，便會想方設法地修改、強迫對方接受自己的思想，以滿足人性的統一性。

換位思考一下，沒有人喜歡被選擇、被推銷、被別人強迫去做一件事。

> 沒有人喜歡被強迫

我們希望的是，主觀地去購買，或者按照自己的意願去做一件事，不希望別人從旁干涉，更不用說被強迫了。

美國業務員吉拉德在培訓業務員的時候說：「沒有顧客喜歡被推銷。」

吉拉德剛剛說完，其中一個學員站起來，問：「既然沒有顧客喜歡被推銷，那你還培訓我們做什麼？」

吉拉德說：「這正是你們接受培訓的價值所在。」接著，吉拉德講了自己朋友的故事。

吉拉德有個做室內設計的朋友安德森，他是一個優秀的設計師，經常會有一些新奇的設計觀念。因此，整體來說，他的生意還不錯。

他有一個朋友，是個裝潢公司的小老闆，有著大批客戶，安德森想透過他的朋友開拓市場，便經常去拜訪他的朋友，向他推銷一些新奇的設計，但是他的朋友從未使用過他的設計理念，一次也沒有。

這讓安德森很苦惱。連續失敗幾十次以後，他意識到自己一定是局限於舊框架裡了，所以沒有成功。某天，他強行要求孩子多穿一件衣服時，遭到了孩子強烈的牴觸。他的妻子說：「你不能因為你需要新增衣服，就決定了孩子也需要新增衣服，不能把自己的意見強加在孩子身上。」

這給了他很大的啟發。

第五章　掌握分寸，才能良好溝通

　　他挑選出 6 張自己還沒有完成的設計方案，找到了他的朋友，「我想請你幫我一點忙，這裡有些尚未完成的設計，請你告訴我，如何能夠將它們設計得更完美，以適合你的顧客使用。」

　　三天後，他的朋友通知他，有兩個顧客挑中了其中兩種設計風格，決定重點開發一下。

　　後來呢，安德森透過他的朋友，成功地完成了十幾單業務。

　　沒有人喜歡被推銷，但是他們喜歡聽到別人的建議，而且將最終的決定權交給自己。

　　通往羅馬的大路有很多條。作為指路人，你需要建議他走哪一條路，而不是決定他走哪一條路。最終的決定權只有一個人，那就是前往羅馬的人。

　　要實現有效溝通，不能強迫他人接受你的觀點、意見、思想。不管是夫妻之間、朋友之間、同事之間，還是上司和下屬之間，甚至包括家長和孩子之間，都應該學會接納、包容，更重要的是理解他人的想法、尊重他人的選擇。人性決定每個人的主角是自己，人都會對自己的想法抱有更大的信心，對別人提供給你的想法，在心中只能作為一種建議。相比較而言，每個人還是會對自己的想法有更大的信心。

　　如果你要將自己的意見強加於人，等於想讓別人削弱自己的信心，轉而對你有更大的信心，這與人性是相互衝突的，注定很難能夠實現。

> 沒有人喜歡被強迫

　　強迫的意見，如果正確，事實終會證明這一點。但是如果你的意見不對，你非得強迫別人接受，別人要麼不大願意接受，要麼接受後對自己產生不利的後果，那你的強迫豈不是變成了一種罪過？

　　因此，我們需要採取一種更好的策略：只向他人提供自己的看法，將最後的決定權交給對方，讓對方覺得那是他們自己的主意。

第五章　掌握分寸，才能良好溝通

喋喋不休是毒藥

喋喋不休的嘮叨是害人害己的毒藥，一定要遠離。

美國第 16 任總統亞伯拉罕・林肯在白宮的時候，承認自己的家庭生活很不幸，這一切是因為他有一個喜歡嘮叨的妻子。「如果家庭中有三分鐘的寧靜，這是我的最高希望了。」

如果一位歷盡種種挫折、堅持奮鬥的最偉大的男人，所希望得到的僅僅是三分鐘的家庭安寧，你是一種怎樣的感覺？

如果你確定身邊沒有一個喜歡嘮叨的人，也確定自己不是一個嘮叨的人，你可以很自豪地對自己說：「我比亞伯拉罕・林肯這個坐上總統寶座的男人要幸運得多。」

然而，如果你不能確定身邊沒有一個喜歡嘮叨的人，也不確定自己不是一個嘮叨的人，為什麼你不能打消這種不確定呢？

言語是人類最重要的交際工具，它發揮著傳情達意、交流思想、消除誤會、拉近距離、增進了解的作用，是最動聽的聲音。

然而，如此動聽的聲音，如果利用不當，則會成為一種令人發狂的噪音。

如果你想表達感情，可以用神情、聲調、手勢等。當然，言語是最方便的途徑，不受天氣、光線、障礙物的影響。如果將言語變成了嘮叨，你還能正確地表達你的感情嗎？

> 喋喋不休是毒藥

永遠不能！因為這樣，你直接否定了你最美麗的工具。你的方式只能使他反擊，永遠不能使他願意主動接近你。你可以用人世間所有的詞彙去組織你的言語，但你卻不能獲得他的任何好感，因為你已經在挑戰他的承受底線了。

不要一開始就用連續不斷的詞彙去表達你的感情，這樣是不好的，因為這樣就等於說「我將窮盡人世間的言語去達到我的目的」。

這是一種地毯式的轟炸，只能引起別人的反感和牴觸。

在家庭生活中，一個女人的嘮叨帶給家庭的不幸遠遠超過奢侈浪費。亞伯拉罕‧林肯就是最好的證明。

同樣，蘇格拉底的妻子贊西佩是出了名的愛嘮叨的女人，為躲避她，蘇格拉底大部分的時間都躲在雅典的樹下深思哲學，他的一生飽受妻子的嘮叨之苦。

蘇格拉底這樣描述他的妻子：「她的一張嘴巴，足以遮蓋她身上所有的美麗。」

然而，贊西佩卻始終沒有意識到這個嚴重的問題，而且可笑的是，她總是以為可以用嘮叨來改變丈夫，直到蘇格拉底選擇和她離婚，她依舊沒有改變自己的丈夫。

其實，用這種方式改變男人，一點效果都沒有。真想讓它發揮作用，得等到世界毀滅的那一天。

有社會學家做一份調查，結果顯示，男人討厭女人的行為

第五章　掌握分寸，才能良好溝通

中，排名第一的就是「囉唆嘮叨」，遠高於排名第二的「不愛打扮」。男人選擇伴侶時，容貌是一個重要的參考因素，但是在嘮叨面前，男人寧可接受一個容貌醜陋的女子，也不願意忍受一個喜歡嘮叨的美麗伴侶。

我的父母在一起生活 35 年了，我和父親探討過這個問題，他告訴我：當我們嘮叨的時候，我們或許自己並不那麼認為，我們會認為這是一種正常現象，甚至會為我們的豪爽、豁達而自豪。其實我們沒有發現，我們正在將別人不喜歡吃的食物強行塞進別人的嘴裡，即便明明知道這樣是行不通的……

比如，你的母親常常對我發號施令，如果得不到回應，就會不斷地重複要求：「你究竟什麼時候去換燈泡？」

這讓我感覺很不爽，即便我最後完成了這個使命，但我卻很不樂意。最可怕的是，有時候她的嘮叨將我的自信心都腐蝕掉了，就像一塊石頭被不停滴落的水珠侵蝕掉那樣，甚至我開始對生活和工作失去信心。接著，父親告訴了我一件事情。

他的一個同事，妻子整天嘮叨，暗示他能力不足。丈夫則認為，自己做事自有分寸，輕重緩急都能掌握，不需要別人指示。在妻子的嘮叨中，他丟掉了他的工作，他的妻子也和他離了婚。不過離婚後，沒有想到的是，他像一個生過病的人一樣重新恢復了健康，並在工作中取得非常不錯的成績。

嘮叨是在帶有強烈的情緒發洩的過程中逐漸形成的，一旦成為習慣就像對麻醉藥上癮一樣很難改掉。

喋喋不休是毒藥

心理學家梅奧曾經說過，如果一個女人在20多歲剛結婚時，就整天被不健康的情緒感染著，整天嘮叨著，那麼等她到40歲時，她的情緒將一塌糊塗，沒有什麼事能讓她滿足，她將成為一個無可救藥的、令人討厭的嘮叨女人。

傾訴、抱怨、輕蔑、嘲笑、喋喋不休……一旦人被這些負面情緒感染後，處理不好，就會轉化成喋喋不休的嘮叨。嘮叨是一種殘酷的行為，具備這種行為的人實在是太可怕了，因為這是最高明的殺人不見血的方法。

林肯因為妻子的嘮叨，寧願一個人孤獨地生活，也不願意回家與妻子團聚；蘇格拉底寧願選擇與妻子離婚，也不願意忍受嘮叨……

現在你應該相信嘮叨會帶來巨大的副作用了吧！

當然，如果你想知道自己是否嘮叨，問問你身邊的人就知道了。如果別人說你是一個愛嘮叨的人，你一定非常震驚繼而憤怒不已，不過不要急於否認，那只會證明別人的看法沒錯而已。

拿破崙深知嘮叨的危害性，因此，他向他的士兵傳遞命令時，只說一遍，以恰到好處的言語宣傳一遍，既不冗餘也不缺失。

如何改變這種嘮叨的習慣呢？

1. 避免重複講話

一句話說了超過四次，就已經是在嘮叨。另外，一句話說了四次以上，說明根本沒有見到效果，既然這樣，又何必還要

第五章　掌握分寸，才能良好溝通

浪費唇舌？嘮叨只會使他下定決心絕不屈服。

2. 冷靜對待負面情緒

如果感覺到自己處於負面情緒中，不要急於發洩出去，暫時將想法寫在一張紙條上。等到冷靜下來時，再仔細地思考這件事。

3. 用溫和的方式達到目的

「一滴蜂蜜比一勺膽汁能夠捕到更多的蒼蠅。」這句話仍然適用於今天。要想達到你的目的，不妨使用一些溫和的方法。這些溫和的方法，將會讓你的目的更容易達到。

4. 學會激勵

利用激勵，而不是強迫別人去做你強迫別人做的事，這是人際溝通中必須掌握的一門藝術。如果我們不用激勵的方法，而是用嘮叨的方式去推動別人行動，那麼，要想達到自己的目的會很難。

5. 培養自己的幽默感

以幽默的方式對待發生的事情，會讓你的心情舒暢。那些常常為芝麻般的小事而影響情緒的人，早晚會精神崩潰的。

不管是男性還是女性，都應該對嘮叨引起足夠的重視。因為這是在負面情緒下，最容易出現的錯誤。而且一旦養成習慣，將很難能夠改掉。

> 喋喋不休是毒藥

　　林肯和蘇格拉底這些偉人之所以生活不幸福,就與家庭生活有關係,而且他們都有一位喜歡嘮叨的妻子。因此,如果你想讓自己獲得幸福,也讓他人幸福,那就從現在開始 —— 不再嘮叨!

第五章 掌握分寸，才能良好溝通

別做無謂的爭論

> 提高自控能力，避免無謂的爭論。

在進入主題之前，先讓我說個笑話：

孔子的弟子顏回和一個耕農發生了爭論，耕農認為四乘七等於二十七，顏回則認為四乘七等於二十八。爭執不下，兩人爭論了一天一夜，誰也沒有說服誰，最後只好去找孔子論理。

孔子聽完之後，用戒尺狠狠地打了顏回二十下。顏回感到非常委屈，很不服氣，責怨孔夫子處事不公。

孔子卻說：「你竟和認為四乘七等於二十七的人爭論，本身就很愚蠢，難道不該受罰嗎？」

孔子的話說得很有道理。有理不一定非要爭辯，即使有理，若是糾纏於一些無謂的爭論，實在是一件愚不可及的事。

我說這個笑話，是要說一個問題：不要在一些無謂的問題上爭論，這是愚蠢的行為。

再來說一個有趣的故事：

在寧波機場，我剛剛走進機場，就看到一個身材高大的年輕人，在人群中格外醒目，周圍的人還對他指指點點。看到他時，我的第一反應：這應該是一個籃球員，也許是某職業球隊中的一員。

別做無謂的爭論

當他走近我時,我看到他的襯衫上印著:不,我不是籃球員。這讓我感覺到很幽默。

他走過之後,我特意扭過頭去看,發現他的襯衫後面還印著:你愛乒乓球嗎?

候機的時候,我恰好和他距離不遠。

我走過去問怎麼穿一件這麼幽默的襯衫。

他笑笑說:「這不算什麼,我家有一打(12件)這種襯衫。我最喜歡的一件印著『我身高212公分,上面的空氣很新鮮』。」

他繼續說:「我16歲到18歲這兩年,整整長高了26公分。不管我走到哪兒,人們都指指點點地議論我,和我爭論身高那麼高,為什麼不去打籃球。最後媽媽告訴我說,既然你不願意和他們爭辯,索性就加入他們。正是她想到讓我穿這種襯衫的。」

他的媽媽真是聰明的母親,而他則是一個聰明的青年。

生活中,很多的小事都會引起爭論,這些無謂的爭論容易使我們失去冷靜。如果這些爭論使你煩惱,不妨把心放寬。眼裡容不得沙子的人,不能評價為正直,只能說他太戾氣。

這天,我去朋友的公司找一點資料,中間發生了這樣的事情:

朋友的祕書說,一個老客戶打來電話找他,朋友要求把電話接進來。我準備起身出去,畢竟這屬於公司機密,朋友示意我坐下,不礙事。

第五章　掌握分寸，才能良好溝通

朋友按下接聽，剛剛說出你好，就聽對方發出一串牢騷：

我兩週前就索要商品目錄，但至今未收到，你們怎麼這樣工作？

我緊張地望著朋友，想看他如何解釋，會不會解釋說負責這單業務的員工請假了，或者說是自己祕書的錯之類的。

出乎我的意料，朋友說：「您說得對，很抱歉讓您至今未能收到。如果您能把地址告訴我，今天我會親自送過去給您。」

對方隨即說道：「不用麻煩了，你安排一下吧，盡量用郵件發過來吧！」

我問為什麼不找藉口搪塞，朋友說：「如果對方的抱怨理由充分，沒有必要多費心找藉口。相反，承認對方抱怨有理，並表示歉意，這會有助於問題的解決。」

朋友是有智慧的人，在別人抱怨時，不做爭論，這是避免衝突的最有效、最簡單的方法。

在別人抱怨的時候，不需要爭論，告訴對方你很抱歉，這並不等於自認有錯，這只是認可對方的抱怨並以此消解抱怨。

隨即，採取正確的措施彌補，而不再糾纏在無謂的事情上。

人性的統一性讓人對自己很自信，認可自己接受的知識並透過知識解決的問題，不會懷疑自己做的事情是錯誤的。

比如，人最看重的相貌。沒有人會覺得自己的相貌醜陋，這是因為人性中最認可的是自己，最相信的是自己。

別做無謂的爭論

任何一個人,都無法聞到自己的口臭,更無法看到自己臉上的痣。人性的缺陷導致我們在看到一些與自身不符合的事物時,有一種使之改變為與自身相和諧的想法,這樣就非常容易與別人發生爭論。

美國總統林肯在自己的日記中記錄了這樣一段話:

任何下定決心有所成就的人,絕不肯在私人爭辯中耗費時間。爭辯的結果,包括發脾氣失去控制,其後果往往是令人難以承擔的。與其跟狗爭辯,被牠咬一口,倒不如讓牠先走。否則就算宰了牠,也治不好你被咬的傷疤。

美國教育家卡內基在《人性的弱點》(How to Win Friends and Influence People)一書中寫道:

有一種方法能得到爭辯的最大利益——那就是避免爭辯;避免爭辯就如同避免響尾蛇和地震一樣。

與人爭論絕沒有最終的勝利者,只會使矛盾加深。

爭論的雙方,一方的意見被對方證明錯誤的時候,他會有一種被侮辱的感覺,這種侮辱感會被急速地擴大,將別人對意見的否定上升到對人格的否定。而勝利的一方,一定認為自己的意見絕對正確,進而將對意見的否定上升為對人全部的否定。

這就像鬥雞一樣,誰勝誰敗沒有關係,牽扯關係的是鬥雞的主人。鬥雞輸的一方,他的人性中的缺陷會將自己定格在自己的人格被別人打敗,而勝利的一方,眼中看到的不是自己的

第五章　掌握分寸，才能良好溝通

鬥雞贏了，而是自己的人格勝利了。

上升到人格的高度，是一個非常可怕的問題。

爭論對一個人精神上、身體上的損害還在其次，最大最可怕的影響，是在人際溝通上。爭論發生的雙方，就會降低合作的可能性。

爭論可以避免嗎？當然可以。

喜歡爭論的人，無非是為了證明自己，想證明他的無所不知、無所不能。既然這樣，為何不退讓一步，滿足他的這種心理需求呢？

順著就行了。不管他提出的問題如何，你以禮告之，告訴他你贊同他的意見。人在自滿的時候，戒備心是最低的，再做出最合適的選擇，實現預期的目標。

避免無謂的爭論，可以使我們排除干擾，不為外界所累，投入全部的精力處理最正確的事情。

避免無謂的爭論，需要有虛懷若谷的態度，看透爭論，你就不會因別人的意見與你不合而懊惱了。

任何肯花時間對你表達不同意見的人，必然和你一樣對同一件事情表示關心。把他們當作要幫助你的人，就可以將爭論轉為合作。

要實現有效溝通，絕不能對任何人——不論其智力高低，都透過口頭的爭鬥去改變他的思想。

(別做無謂的爭論)

不要爭論,合作不是透過爭論能夠實現的。

透過爭論取得的深厚功力,是空洞的,是得不償失的,因為你永遠得不到對方的好感。

第五章 掌握分寸,才能良好溝通

第六章
以柔克剛的祕訣

　　為人處世的過程中，完美的人並不招人喜歡，「斷臂的維納斯」因為殘缺的手臂更富有魅力。強者就需要適當地示弱，不要事事都追求更上一層樓，適當地退後一步，適度地暴露些「瑕疵」反而會成為社交的潤滑劑。

第六章　以柔克剛的祕訣

不要總是以己度人

> 要了解一個人，需要經過深入的了解，投射效應並不能完全作為參考的標準。

美國第 38 任總統福特，曾經是密西根大學的橄欖球明星。

由於福特本人性格優柔寡斷，在處理問題時，做不到當機立斷，時常會錯過很多機會。在大學內部舉行的橄欖球比賽中，由於他處理關鍵球的時候優柔寡斷，失去了勝利的機會。

賽後總結時，福特首先發言：

球隊中的一些球員，總是戴著假面具去完成一場比賽。那個假面具，不但希望別人喜歡看，自己看了也會覺得很得意。可是我們為什麼要戴假面具，掩飾自己的本來面目呢？因為我們知道自己性格上的缺陷——懦弱、膽小，所以要用假面具來掩飾缺陷……

後來，福特在自己的回憶錄中寫道：

那場比賽結束後，我發現了自己性格中的缺陷。為了尋求心理平衡，我將自己的缺陷，我自己根本不能接受的性格特徵投射到其他球員身上，在我心中，我一直堅信，他們也具有這些性格上的缺陷。

其實，我想說，這僅僅是一種自我保護的意識，可以讓我

心靈上獲得安寧。然而，很不幸，在我的話還沒有說完的時候，就被別人粗野地打斷了：「戴著假面具的人，往往會影響自己對人和事的正確判斷……」

我知道，他指的是我，這件事促使著我下定決心改變這種心理缺陷。

福特將自己「不能接受的性格特徵投射到其他球員身上」和古代的「五十步笑百步」有同樣的效果，士兵自己因為違反軍紀臨陣逃脫，這是怯懦的表現。為了尋求心理平衡，出於自我保護的心理，會嘲笑比自己跑得更快的人，以達到減輕自己心裡的不安的目的。

比如，這段話：

看一個國家的國民教育，要看國家的公共廁所。看一個城市的發展程度，要看這個城市的下水道。看一個男人的品味，要看他的襪子。看一個人的心術，要看他的眼神。看一個人的身價，要看他的對手。看一個人的性格，要看他的字寫得怎樣。看一個人是否快樂，要看清晨夢醒時的一剎表情。看一個人的胸襟，要看他如何面對失敗及被人出賣。看兩個人的關係，要看發生意外時，另一方的緊張程度……

這裡所說的公共廁所與國民教育，發展程度與下水道，性格與字的關係等，就是一種投射效應。

在社交中，一個人對別人的認知過程，首先是在潛意識中

第六章 以柔克剛的祕訣

形成一種假設,假設他人與自己有相同的特徵,即把自己身上的特質投射到其他人身上。

簡單來說,在一個人的潛意識中,認為自己具有某種特性,別人也一定會有與自己相同的特性。這是一種將自己的感情、意志、特性投射到他人身上並強加於人的一種認知障礙。

美國總統林肯在競選上總統之後,將自己的競爭對手蔡思(Salmon Chase)任命為財政部長,並盡力與他減少摩擦。透過將政敵變為朋友的方式,消滅自己的政敵。然而,蔡思嫉妒心非常重,一直狂熱地追求最高領導權。他本想成為美國總統,卻被林肯「擠下」了,他不得已而求其次。

因此他對林肯一直懷有怨恨,總是找機會嘲笑林肯。

這天,蔡思正好找到了一個機會,在一次慈善晚宴中,林肯正在與別人交談的時候,蔡思端著一杯酒走過來,半開玩笑半認真地說:「尊敬的總統,我從側面看你的臉,我看見一張驢子的臉(林肯的臉比較長)。」林肯則是微笑著說:「我看你就像看到了仁慈的上帝一樣。」

林肯幽默的話語化解了尷尬。

蔡思覺得自己占了便宜,很是得意。事後,他得意地向自己的助理說起這件事,助理說:「尊敬的部長,你錯了。有句話說『人心自現』,你看別人是什麼,就表示你看自己是什麼。」

人與人之間,總有一定的共通性,都有一些共通的欲望和

要求。因此，在很多情況下，我們對別人做出的推測都是正確的，但是，人與人之間的共通性畢竟有一定的局限，因此推測的過程中，總會有錯誤出現。

比如人性本善，心地善良的人會認為人性本善，別人不會加害於他。但信奉人性本惡的人，則會敏感多疑，往往會認為別人不懷好意。

投射效應的形式主要有兩種：

一是感情投射，即認為別人的善惡標準與自己相同，把他人的行為方式定格在自己既定的框架中，按照自己的思維加以定性，這種定性多半是根據自己的特點作為標準；

二是認知上缺乏客觀性，人的潛意識中總是容易接受與自己特點相同的人，「物以類聚，人以群分」，人容易接受自己的「複製品」，對自己喜歡的人或事越來越喜歡，反之則會很討厭。

這兩種投射效應，是在潛意識中把自己的感情投射到這些人或事上，進行不客觀的醜化或美化，導致主觀判斷出現較大的差錯。

與人溝通的過程中，投射效應的存在，使我們可以根據自身的行為方式和心理，推測對方的真正意圖或心理特徵。這是由於人具有一定的共性，有相同的欲望和要求。因此，在很多情況下，我們對別人做出的推測都是比較正確的。

然而，人心的不理智，容易根據主觀感情做出判斷。同時

第六章 以柔克剛的祕訣

　　由於人與人之間畢竟有差異，胡亂地投射一番，就會出現錯誤。

　　比如，在生活中，很多人對自己的父母不滿意自己的另一半感到不可理解，他們總以為自己喜歡的，自己的父母肯定也會喜歡，但事實則並非如此。因此，在與人溝通的過程中，需要記住，人與人之間既有共性，又有個性，如果投射效應過於主觀，總是以己識人，那麼我們將無法真正了解別人，也無法真正了解自己。特別是本身有缺點的人，更容易做出錯誤的判斷和認知。

多點建議，少點命令

> 命令具有剛猛的力量，但容易折斷；建議具有強大的軟實力，更有助於解決問題。

去年，我請了一個裝潢公司修整廚房，公司派出五個裝潢工到我的家裡。開始修整的第一天，他們把院子裡弄得亂七八糟，到處是油漆和木頭屑。下班的時候，他們沒有清理就急匆匆地離開了，這讓我妻子很不滿意。妻子讓我明天告訴這些裝潢工一定要把院子清理乾淨之後再離開，否則就扣他們的薪水。

我知道，這根本行不通，我們的合約中可沒有說明這一條。另外，他們的裝潢技術都很不錯，修整的部分讓我也比較滿意。

後來，我使用了這個辦法。我找來笤帚和拖把，把木屑清理乾淨，堆到院子的角落裡。

第二天早上，他們幾個人趕到後，我把工頭叫到一旁，對他說：「昨天你們把前院清理得那麼乾淨，讓我很高興。你們以後在收工的時候，都能這樣做就太好了。可以嗎？」

工頭點點頭，說：「沒有問題，我們肯定幫你清理得乾乾淨淨。」接下來的四天時間，工人們每天收工之後，都把木屑堆到園子角落。我的妻子再也沒有因為這個發過火。

我只是稍微地提了一下建議，並作了一個榜樣而已，問題

第六章　以柔克剛的祕訣

便迎刃而解。

有一段時間，公司的業務非常繁忙，包括經理在內的所有員工集體加班。

經理將一疊厚厚的資料交到我一個同事的手中，說：「明天上班之前，把這裡面的資料做成電子文件交給我。」

連日來加班導致心情煩躁，同事很不高興地發了一句牢騷：「我桌上的資料已經快把我埋起來了，你現在又交給我一項任務，我根本完成不了。」

職場上嚴明的上下級關係，不允許下屬冒犯上司。

出現這種情況，一般的上司肯定會覺得丟了面子，尊嚴受到挑戰，然後拿出上司的威嚴：「你必須完成，這是命令。我不管你手頭有多少工作，但這一件你必須完成。」

命令就好比是法律一樣，有著強大的強迫性。「必須做」或者「一定不能做」等帶有強制性的性質。

相信在強大如法律一樣的規定面前，下屬一定不敢拒絕這樣的話，但可以肯定的是，他一定不會痛快地把它做好。

然而，我的那位上司卻沒有那麼做，而是採取了另外一種方式。

當同事說完這句話後，身邊的幾個同事不約而同地扭過臉，等待著上司的反應。

經理頓了頓，說：「這樣的事情我也不願意做，連日來的加

> 多點建議，少點命令

班的確很辛苦。我十分理解你的工作負擔，也知道每個人都不輕鬆，尤其是你，資料方面的工作繁瑣且量大。但問題是，現在這一份差事似乎只有你最勝任，不然能怎麼樣呢？」

上司的一句話讓我們幾個人頓時舒了一口氣。「看來我又要面臨新的壓力了……」同事微笑著說道。

建議的方法，具備一種讓人無法拒絕的軟力量。人性尊崇一種平等，平等交流、平等溝通。如果受到外來的一種強大的壓力，會本能地產生排斥。強大的壓力是一種對自尊的挑戰，會激起強烈的反抗意識。

建議能夠緩解人性的反抗意識，讓人感覺到一種自重感，促使人放棄反抗，選擇接受。

建議是一種強大的軟實力，在建議的作用下，能夠激發人強大的潛力。使用建議的方法，一家生產灶具的小工廠接下了美國的一份大訂單，他是如何做到的呢？

一家生產灶具的小工廠收到一份從來沒有過的大訂單，訂單不僅有技術上的要求，還有時間上的要求。按照工廠的實力和能力，根本無法按期完成。

灶具廠的老闆沒有立刻釋出消息應徵技術人員和生產人員，而是召集所有的工人開會，向他們介紹情況，並解釋這份訂單對他們和公司的重大意義。

「我們有沒有辦法去解決技術上的難題？因為我們研發人員

第六章 以柔克剛的祕訣

有限,我也不想讓大家太辛苦。」

「有沒有辦法解決訂單時間的問題?因為生產人員都很辛苦,能不能調整我們的工作安排,克服時間上的困難?」

「有沒有其他的辦法,來接下這個訂單?」

工人們提出很多建議,技術部提出高薪應徵短期研發工程師,只需要解決研發問題即可,生產員工願意晝夜加班,直到訂單完成。

後來,如他們所願,公司聘用了一位研發工程師,三天內解決了技術問題。然後支付了一筆佣金,解僱了他,餘下的技術問題由技術部有限的幾個員工日夜鑽研得以完成。訂單順利地完成。這家工廠後來成為數一數二的灶具生產商。

這次能夠順利完成訂單,是因為老闆使用了「建議」的方法,使員工們感覺自己「重要」,激發了他們的潛力。

社交中,「建議」是一種強大的軟實力,能夠改變他人,而不會激起他人的反抗。

如果你要實現有效地與對方溝通,你需要收起銳氣,放下你的食指,不要對別人下命令,而要使用建議的方法。

沒有人喜歡「被應該」

少說「應該」，這是對別人的一種束縛和控制。

通用汽車副總裁布朗發現他的一些下屬缺乏工作熱情，他們對正在從事或者即將從事的工作缺少興趣，表現得很自由、散漫。

為此，他召開了一次針對全體員工的工作會議。「公司為你們提供豐厚的薪水，你們應該為公司竭盡全力去工作，這是職責！上帝的子民都應該竭盡全力地為上帝祈禱⋯⋯」

二十分鐘的演講裡，每一分鐘都會出現一次「應該」，會議結束後，杜拉克走進了布朗的辦公室。

他對布朗說：「布朗先生，如果你能夠在演講的時候，將『應該』摒棄，應該會有更好的效果。沒有人喜歡『被應該』，這就好比是在強迫別人。我們寧願主動去溝通，而拒絕『被應該溝通』，這無異於在背後拿著槍，沒有人喜歡這種感覺。」

布朗親自寫了一封電子郵件，發到了每個人的信箱中：我希望你們可以告訴我，你們希望從我這裡得到什麼？

一天後，陸續收到了這些員工的答覆。於是，他又發出一封電子郵件：

我可以滿足你們的所有要求，現在我要你們告訴我，我可

第六章 以柔克剛的祕訣

以從你們那裡得到什麼。

一天後,他收到了所有的回復。根據自己的承諾,一一滿足他們的要求。兩封電子郵件使公司得到新的激勵。

布朗說:「公司的業績顯著提高,非常驚人。杜拉克告訴我,當我摒棄『應該』時,他們也決心盡他們的最大能量了。與他們商量他們的要求,正是他們需要的熱情。」

沒有人喜歡「被應該」,即便從道德上、法律上來說必須要做的事情,同樣沒有人喜歡「被應該」。

再拿設計師小金的事情來說,在他明白這個道理之前,他差點丟失了一次足以改變自己命運的機會。

設計師小金接到了一單前所未有的大業務——為著名的大集團設計產品外包裝。為了表達自己的誠意,在簽訂合約時,他將違約金降低到 20%。也就是說,如果對方違約,他只能拿到全款的 20%。他開始努力地設計,希望設計出能夠讓消費者看一眼就難忘的圖樣。

很不幸,在他正在努力完成這單生意時,收到了集團的來函:尊敬的小金先生:

企業業務有變,合約終止,違約金已經支付,敬請諒解。

小金非常憤怒,他立刻趕到大集團,商量未果,同時得知,生意已經交給另一家設計公司。

小金當場對副總裁說:「我們有約在先,你們就應該遵守合

沒有人喜歡「被應該」

約,應該使用我的設計,應該繼續與我合作⋯⋯」

效果可想而知。

小金憤憤地離開了。

一天後,小金再次回去,對副總裁說:「這是 20% 的違約金,我悉數歸還,既然是我的設計無法讓你們滿意,責任應該由我承擔。這次的合作失敗,我希望我們還是朋友。這裡有些我尚未設計完的圖紙,如果你有辦法能夠將它們設計得更完美,以適合你用,請告訴我!」

然後他離開了。

他還沒有到家,就接到了副總裁的電話:

你繼續你的設計,我想我們的合作一定會非常順利 —— 交易立刻成功了。

小金是幸運的,他處理的方式讓對方覺得舒服。他沒有告訴對方「你應該如何做」,而是反過來讓對方告訴他:你的方式讓我很舒服。

人的情緒容易被「應該」所操縱。人性的強勢,使人做事情會遵循一定的方式和規則,這種方式和規則多半帶有一種強烈的控制力。

人是獨立的個體,沒有人喜歡被約束、被控制,當你被別人控制和約束時,會激起強烈的情緒反抗,這是人性的本能反應。例如,你被別人強制著去做某件事,心中會產生強烈的反

第六章 以柔克剛的祕訣

感情緒，即便你也想去做某件事，但主動與被動是兩種完全不同的感情效應。

你不願意被別人控制、約束，相反，別人也不情願被你控制和約束。與別人溝通的過程中，你需要摒棄「你應該」。即便從道德上、法律上來說，應該如何做，但依舊帶有感情方面強烈的反感。

很多管理者總是有一種強烈的控制欲，比如「你務必把這筆生意拿下來，這是命令」、「你應該做好這件事，這是義務」。

情感上一旦被打上「應該」、「務必」的成分時，無異於戴上沉重的枷鎖。戴著枷鎖行走，肯定會不俐落。

在非洲南部的大陸上居住著一個古老的民族──約納氏克族。他們依靠栽種一種名為摩斯那笛的植物為生，已經延續了幾千年的歷史。他們喜歡和平安寧的生活，與賴以生存的環境和諧地相處，常年遊蕩在沙漠、草地和海邊。

簡單的勞動使得他們的語言過於簡單，因此，約納氏克族人只有簡單的文字，沒有文學。

儘管現代文明高度發達，使他們的生活發生了巨大的變化，但他們依然努力延續自己古老的生活習俗，人與人之間和諧相處，宛如世外桃源。

約納氏克族人中，流傳著一句簡單的詩，這首詩是他們唯一的文學，全部的信仰，寫著他們生活的全部寫照，是一種神

沒有人喜歡「被應該」

祕的咒語。如果將這句咒語翻譯成中文,應該是這樣一句話:

可是,我們之間是多麼不應該啊!

這句咒語是約納氏克族人之間和睦相處的祕密所在。

然而,現實生活中,很多人的情緒被「應該」所操縱。例如如果我對你付諸感情,你就應該對我付出相同的情感。否則,我就會**鬱鬱寡歡**。

然而,我們希望別人尊重我們的意見,卻不允許別人強迫我們的意志。人與人之間的溝通同樣如此,不管是身處要職,還是籍籍無名,我們都是獨立的個體,都希望得到尊重,而不喜歡被控制。

第六章　以柔克剛的祕訣

妙用「黑暗效應」

> 與別人交際的過程中，善於利用黑暗效應常常可以有事半功倍的效果。

一日，我突然接到朋友發來的請帖：我要結婚了。

很詫異，一個半月之前剛剛見過他，還沒有聽說他有女朋友的事情，突然就說要結婚了。我想，朋友作為文藝青年，可能比較青睞閃婚。

在婚宴上，我注意到新娘身材高挑、容貌漂亮，單單在形象上，朋友就輸了很多分。他們兩個人的結合，真可謂郎才女貌。

後來，我聽說朋友和她約會時全部安排在晚上，因為白天兩個人都在忙工作。兩個年輕人，兩次約會之後就已經如膠似漆了。

朋友妻子不止一次開玩笑地對我們說：如果在白天，能看清他的外貌，絕不會同意。

男女戀人之間的約會，時間定在晚上，地點定在黑暗的環境中，成功率最高。

一年之後，我再次收到一張朋友的請帖：茲為我兒拂曉舉辦滿月宴，敬請光臨為盼。

我想他將孩子取名為拂曉，正是幸福的寫照。

妙用「黑暗效應」

生活中,年輕人初次約會,最好安排在晚上,到那種只點了蠟燭的餐廳,這不僅僅是需要浪漫的氛圍。

英國心理學家經過研究發現,在正常情況下,兩個陌生人之間會根據對方的反應和外界條件來決定自己的言語和行為,特別是對不了解但卻迫切需要了解的人。這時,人的內心是矛盾的,存在著一種戒備感的同時,又想盡量把自己好的方面展示出來,把弱點和缺點隱藏。

在光線比較暗的場所,完全滿足了內心的需求。黑暗的環境中,雙方彼此看不太清對方的表情,戒備感會很容易消失,光線比較暗的環境,戒備感是最低的。黑暗的環境,也能夠幫助自己把弱點和缺點隱藏,更好地展現自己。這種環境下,彼此產生親近的可能性會遠遠高於光線比較亮的場所。

這就是心理學中的「黑暗效應」。

這種心理解釋了為什麼在燈光昏暗的酒吧、舞廳,陌生人之間比在普通場合更容易相互認識,甚至更容易產生戀情,因為太明亮的光線會令人不放鬆,從而提高警惕性和戒備心。

人在黑暗的環境下,容易放鬆警惕,更好地表現自己的優點,從而掩飾自己的缺點。

溝通的場合中,想要更多地了解一個人,希望和對方交心,不妨試著利用一下「黑暗效應」,這樣對方向你推心置腹的可能性就會大很多。可以根據判斷,就此對症下藥,選擇對方喜歡

第六章 以柔克剛的祕訣

的話題,從而提高溝通的有效性。

學會利用「黑暗效應」,但同時也應該避免黑暗效應帶來的負面影響。人在黑暗的環境中,容易放鬆戒備,很容易將一些平時守口如瓶的祕密洩露出去。這樣,對自身而言是非常不利的。

人際關係中,根據「黑暗效應」,要學會展現自己優點的同時,掩飾自己的缺點。很多場合中,恰到好處地掩飾缺點,遠遠勝過表現自己的優點。

比如,和別人進行商業上的交談,你的產品品質好是優點,但一分錢一分貨,價格高則成了缺點。如果一下子將自己最貴的產品拿出來,價格非常高,別人可能會嚇一跳,在心理上對產品的高價格耿耿於懷,存在一種排斥心理。因此,你要先給他看普通的,等你跟他聊開了,對產品的品質比較了解了,再給他看更好、更貴的,他內心就會非常容易接受。

所以在社交中,適當利用「黑暗效應」可以帶來有效的溝通。

示弱的孩子有糖吃

> 不管是在職場還是在社會中,示弱都是一種有效的社交方法。示弱不是虛偽,只是在一些需要心理滿足的場合中,給對方一個空間、一個餘地,這種空間的存在就像是潤滑劑一樣,使得人際關係更有效地運轉,充分發揮各人的潛能。

生活中,很多人都在追求成為一個生活的強者,成為人上人,卻忘記了示弱。

說一個案例:

前面講到的自稱文藝青年的朋友,是一家出版社的策畫,能力超群,為公司創造了很多的利潤。令人匪夷所思的是,他在同事中並不受歡迎,很多人都有意無意地躲避他,甚至還有人私底下挖苦他。偌大的一個出版社,他甚至找不到一個可以交談的朋友,經常獨來獨往,很是寂寞,不明白別人為什麼要這樣對待他。

一次,他策劃的題案全部被社長否定,並且被狠狠地罵了一頓。當晚,他心情鬱悶,獨自到酒吧喝得大醉。第二天睡過了頭,他急匆匆趕到公司時已經遲到了一個多小時。他以為主任會因此責怪他,同事們會瞧不起他。然而,令他驚奇的是,

第六章 以柔克剛的祕訣

主任不但沒有責備他,反而極力地開導他,同事們也對他表示關心。他不知道,工作上的失敗幫助了他,使他在同事心目中的形象豐滿起來,變成了一個會犯錯的人,而不再是那個高高在上的強者。

是不是覺得這兩個案例不可思議?

職場中,常常有很多這樣的例子:一些近似於完美無缺的人,往往在社交中不太討人喜歡;相反那些雖然優秀,卻總是犯小錯的人深受人們的青睞。

這種現象在心理學上被稱為「白璧微瑕效應」,即小小的錯誤反而會使有才能者的人際吸引力提高,白璧微瑕比潔白無瑕更令人喜愛。

人的普遍心理,崇拜強者,但卻不願意看到強者太強。這是人心的缺陷,能夠容忍強者,卻無法容忍強大到完美的人。

從心理學的角度來說,人都喜歡結交一些能力強、地位高的人。但是,這種強如果表現得過於完美,又會給人一種不真實的感覺。人心的缺陷讓人對於這種近似完美的現象,不是真正地接納和喜歡,而是敬而遠之。

另外,從自我價值保護的角度來說,人都喜歡有才能、地位高的人。但是,聚光燈效應讓大多數人都不喜歡充當「綠葉」的角色,如果對方能力超群,所有的鮮花與掌聲都是給他的,自己跟他站在一起,只能是襯托他的「綠葉」,顯示自己的卑

微。時間久了，換作誰都不會喜歡綠葉的角色。

這種心理缺陷，需要透過強者的不完美來填補，一個犯小錯的能力出眾者則降低了這種壓力，縮小了雙方的心理距離，保護了他人的自尊，因而也贏得了更多人的喜愛。

因此，在適當的時候，示弱更能收到更好的效果。

小草懂得在暴風來臨時「低頭」，狂風過後才可以挺胸昂首。

為人處世的過程中，完美的人並不招人喜歡，「斷臂的維納斯」因為殘缺的手臂更富有魅力。強者就需要適當地示弱，不要事事都追求更上一層樓，適當地退後一步，適度地暴露些「瑕疵」，反而會成為社交的潤滑劑。

人不應該示強，而應該示弱，這才是最高的做人境界。

當然，並不是說一個人犯的錯越多，越有助於社交，凡事有度，過猶不及。「犯錯效應」的產生是有條件的。犯錯的人需要具備過人的能力，而且犯的錯屬於一些無關緊要的小錯。如果你只是茫茫人海中平凡的一員，改正錯誤還來不及，怎麼可能允許你犯錯呢？

在人際溝通的過程中，我們如果想讓別人喜歡自己，就不要苛求完美無缺。我們在提高自身能力，努力成為一個強者的同時，要懂得偶爾犯下一些無關緊要的小錯。這樣更容易彌補別人心中的缺陷，在社交注入一些潤滑劑，為你贏來好人緣。

第六章 以柔克剛的祕訣

借他人之勢，長自己威風

> 要實現有效溝通，不妨學著使用蔓延之律，在別人的思維中，具備成功者的「本質」。學會適時地藉助他人的力量與資源。

不久前，公司參加了「防範愛滋病，普及預防愛滋病知識」的活動，我成為入選者，深入到一些愛滋病嚴重地區去宣傳防愛滋病知識。

一週的活動結束後，我購買了一些特產作為禮物，送給家人和身邊的朋友。然而，事情完全不像我想的那樣美好。

回家的時候，妻子正在上班，傳了簡訊：徹底地把自己洗一下。說明一下，我的妻子並不歧視愛滋病人，她還曾經為愛滋病人捐錢捐物。

我將購買的一條漂亮的裙子送給妻子，妻子很高興，但卻從未見她穿過。

我將購買的禮物分發給周圍的朋友，他們都很高興。

我以為事情到此為止，沒有想到，幾天後，一個朋友打電話給我：「聽說你前不久出差去參加一個宣傳預防愛滋病知識的活動了，是嗎？」

聽到這裡，我有點心虛，心裡盤算著他會不會因為禮物遷

> 借他人之勢，長自己威風

怒於我。他確定了之後，沒有說什麼，結束了通話。

兩個月之後，在一次閒談中得知，他將我的禮物扔掉了。

在心理學中有一種叫蔓延之律的現象。簡單來說，一旦某個物件、人與在內心已經定性的一個物、人接觸後，就會獲得那個物或者人的某些「本質」，而這些特質僅僅是心理的定位，事實上並不能確定。

比如，在一些巫術中，如果想要詛咒某個人，就需要獲得這個人的生辰八字或者這個人穿過的鞋、衣服之類的，由此對他們施加某種類型的影響。

上述案例中，我宣傳愛滋病知識歸來，在他們的潛意識中，我就獲得愛滋病的某些「本質」，儘管我本身沒有。

再比如，如果你身上穿著一件非常漂亮的衣服，全新的，從來都沒有人擁有過或者穿過，你的心裡對這件衣服不會有任何芥蒂。

然而，如果這件衣服曾被愛滋病患者穿過，不管如何新，品質如何好，可能在潛意識裡都會產生排斥的情緒，不想穿這件衣服了。儘管已經完全確定這件衣服並不存在健康隱患，也沒有衛生問題，但潛意識裡，排斥情緒依舊在人的思想中占據主動，同樣會扔掉。

生活中，要盡量避免這種心理的副作用。

然而，有弊就有利，人際溝通中，可以利用這種心理實現

第六章　以柔克剛的祕訣

有效溝通。清朝時，有個叫王利源的人，在一次舉人考試中榜上有名，但是卻因為在朝廷裡沒有背景，最後被分配到一個偏遠的地方做知縣，更為不幸的是，還是個候補知縣。整天無所事事，虛度歲月，拿著微薄的俸祿勉強維持生計。

有一次，他受命前去朝廷辦事，歸來的途中經過了左宗棠的府邸，他想到了去拜訪當朝權貴左宗棠，並利用此人的權力來幫助自己擺脫面臨的困境。

於是王利源便備了很多的禮物，拜訪左宗棠，由於他人微言輕，左宗棠只是象徵性地接待了一下，態度表現得十分傲慢，這讓王利源非常失望。此時，王利源心生一計，便請左宗棠在自己的扇子上寫上一句話，作為日後對自己的教誨。左宗棠隨便在扇子上題了幾個字，王利源小心翼翼地收起來，並拜別了左宗棠。

回到新疆之後，王利源就吹噓自己在朝廷裡有人，並時不時地將那把扇子拿出來炫耀。這傳到了知府的耳朵裡，知府經過打探，得知扇子上的字的確為左宗棠的親筆題字，這才相信了王利源並非是信口開河，很快提拔了王利源。

這就是蔓延之律的運用，利用左宗棠的權力效應，為自己所用。

同樣，如果你在職場中籍籍無名，不妨學著使用蔓延之律，在關鍵的時候，獲得名人或者大人物的某些「本質」，在別人的

借他人之勢，長自己威風

頭腦中形成定勢，進而實現有效溝通。

我的一個在美國做經貿的朋友，幾年前回國發展。我的朋友沒有任何的背景，讓他一時陷入僵局。

這天，朋友接待了一位大客戶，他非常想得到這筆訂單。為此，他想到了一條妙計，在會客廳的牆上，他將自己與美國總統歐巴馬的合照放在了上面。

與客戶的談判從一開始就比較被動。朋友猜測客戶調查過他，知道朋友是剛剛回國發展，急切地想要拿下這筆合約，並且朋友本人在商界似乎也沒有什麼名氣。對方抓住了這一條，要價很高，讓朋友非常焦急。

在與客戶交談陷入僵局的時候，他慢慢地將話題引導到這張照片中來。朋友很有信心地說：「這張照片是我與美國總統的合照，在歐巴馬選舉之前，我就相信我的眼光不會錯，我相信他一定能夠當選，所以我選擇支持他。事實證明，我的眼光是正確的，後來我從中得到了很多的利益。我相信我眼光的同時，也相信你的眼光，我相信我們的合作一定能夠讓我們得到雙贏。」

這一席話似乎讓談判變得非常順利，朋友也很快拿下了這筆生意，得到非常豐厚的利潤，為未來的道路開了一個好頭。

而事實上，那張照片是朋友在美國期間，應邀參加歐巴馬舉辦的慈善晚宴，只要捐慈善款，就有機會與歐巴馬合影，由此

第六章　以柔克剛的祕訣

出現了朋友的這張照片。

對方並不知道這張照片的真實來歷，只看到了與美國總統的合影，認為他具有歐巴馬的某些本質，比如權力、金錢等。既然能受到美國總統的接見，料定他必定不是一個簡單的人物。

有一句話，「借他人之勢，長自己威風」，這並非是小人的所為，而是活用了蔓延之律，達到某些比較難以實現的目的。

凡事不能只靠自己的力量，學會適時地藉助他人的力量和資源，這不是耍詐，而是一種智慧，更是一種能量。

很多成功者，在遇到困難的時候，都會考慮有沒有可以藉助的力量，由此讓他們的道路走得更順暢一些。

路留一步，味讓三分

> 做事情留有餘地，給自己一個臺階。

透過觀察人們內心世界和社會現實的脫離現象，我們知道有很多可憐的人，因為自己的嘴巴引起良心上的不安，時時苦惱著。然而，他們徒有傷感卻無法採取行動，在心中承受自己的錯，但卻無法採取彌補損失的行動。

同樣有一些人，輕信了別人的嘴巴，遷怒於嘴巴的主人。眼前的海市蜃樓無法壓制住內心的仇恨，其實，他們的內心曾經對別人充滿著幻想，幻想的破滅讓他們激發起最原始的憤怒。

從人心的角度觀察、討論和研究這些問題。以做夢為例，夢絕對不是偶然的事情，而是生活中無意識的行為的一部分，因此，只有在之前的生活中採取的無意識或者有意識的行動，才能在潛意識裡留下痕跡，由此產生了夢。

心理學中，人的定性心理影響著很多事情的發展。一旦對某件事情確定了性質，內心就會產生強大的精神動力，想方設法地將未知的事情向已經確定了性質的事情周圍靠攏。

人的這種不自覺的心理活動，稱為定性心理。我有個在銀行工作的朋友，告訴我這件事：「進入銀行工作，我成為周圍人羨慕的對象。一次，我的導師找我幫忙，他想開一家超市，卻

第六章 以柔克剛的祕訣

缺少資金,便去問我能不能幫忙貸款。導師對我的幫助很大,我也一直想找個機會證明自己的實力。而且導師是第一次找自己幫忙,怎麼能拒絕呢?當即一口答應。

「可是,你知道的,我畢竟只是銀行裡的一個櫃員,儘管每天從我手上過的錢比你一輩子用的廁紙都多,但在我看來這些錢還沒有廁紙用處大,因為它從不屬於我。銀行裡,我根本沒有說話的資歷,老師的貸款請求又不合乎規章。我一再努力,可事情卻無法按照我努力的方向發展。導師一遍遍打電話給我,我一遍遍地承諾:很快就辦下來了。

「其實,說這些話的時候,我很心虛,我的內心在忍受著折磨。更為要命的是,當導師後續工作全部做完,等著資金開業時,我這裡卻拿不出錢來。導師大怒,大聲地斥責我。他白白投資了一部分錢。」

聽完朋友的講述,我想告訴他,你的承諾已經在對方的心中定性了。他的潛意識裡,缺少資金的問題已經解決了,儘管資金的事情還沒有落實。但在他的心中,卻將失敗的可能性完全忽略。他只關心在約定的時間內拿到錢,僅此而已。

當已經定性的東西發生了變化,這是一件非常危險的事情。當一個人的價值觀被否定後,心理會產生強大的排斥力,這種排斥力產生的力量是無比強大的。

關於定性心理,古代偉大的孟母已經做了最好的榜樣:孟

> 路留一步，味讓三分

母在院裡陪孟子嬉戲玩耍，突然傳來了豬叫聲，是鄰居在殺豬。孟子問：「他們家殺豬做什麼？」

孟母隨口就說：「給你吃。」

孟子聽完之後，高興地拍著手：「太好了，今天可以吃到豬肉了。」

此話剛出，孟母就後悔了，心想：我懷這個孩子的時候，座席不放正不往下坐，肉切得不正不吃，為的就是良好的「胎教」，如果今天逞一時口舌之歡卻欺騙了孩子，這等於教孩子不講信用，但是話已經出口不能收回。為了不欺騙孩子，孟母硬是出錢把鄰家的豬肉買了來給孟子吃。孟母不愧是一位偉大的母親。

社交中，當你有求於別人的時候，前一分鐘，對方信誓旦旦，說：「這件事交給了我，就等於已經成功了。」當然，定性心理會覺得事情已經成功了，會佩服對方的能力與實力。

然而，後一分鐘，對方卻對你說：「這件事遇到了一點困難，我可能幫不了你。」

他的話等於讓你原來定性的世界觀完全推翻了，你的第一反應是譴責他：你這個騙子。

然而，如果事情是另外一種情形：

你有求於別人，前一分鐘，對方說：「這件事結果不管能不能讓你滿意，但我一定盡力而為。」

201

第六章 以柔克剛的祕訣

後一分鐘，對方對你說：「這件事遇到了一點困難，我盡力了。」你可能會略微失望，但心裡卻會感激對方，因為對方已經盡力了。同樣的結果，卻有截然不同的心理效果。

一個人對別人開始的承諾已經在對方心中形成了一種定勢，如果你說能完成，對方在心底就已經固定了這種定勢：能夠完成。然而，你沒有完成，在定性心理的影響下，肯定產生負面情緒。即便完成了，這也是理所當然，只是履行承諾罷了。

如果你一開始給對方的承諾留有餘地，在定性心理的影響下，儘管結果沒有滿足對方，但同樣在心理定性的影響下，不會對你產生負面情緒。但如果你能夠完成對方的請求，則會產生更強烈的正面效果。

人是群居動物，人與人之間難免會有互相求助的時候，當你承諾一件事情時，在綜合考慮自身能力和其他因素後，尚需留有一定餘地，使你最終達成的結果不低於你承諾的。也就是說，可以給人一個意外的驚喜，但是不要讓人希望越大失望越大。

定性心理，讓一個人的誠信尤其重要，討厭機關算盡言而無信的人。

因此，做事情一定要留有餘地。否則，在定性心理的影響下，很容易出力不討好。

第七章
幫苦口良藥包上糖衣

　　社交的過程中，評論別人時，一味地誇獎並不能讓對方信服，難免給人客套之嫌；一味地指責對方，容易激起對方的憤怒；最好的方式是先說對方一些無傷尊嚴的小毛病，然後再恰如其分地給予讚揚。

第七章 幫苦口良藥包上糖衣

不要總是活在評論裡

> 評論只是一種工具,別被工具所左右,不要太在意評論。

講個小故事:

劉備原是一個當街吆喝的收破爛的人,趁著世道混亂,開始創業。

創業之初,「公司」只有兩個員工,而且是免費的 —— 關羽跟張飛。當時,關羽是一名保全,張飛則是賣豬肉的。在三個人的創業團隊中,張飛和關羽的頭銜一個是馬弓手一個是步弓手。

三人組團會盟十八鎮諸侯。

入盟時,招致的負評、挖苦不絕於耳,連袁術都說:「如此可謂埋沒英雄,十八鎮諸侯難道無人可派了嗎?找一個馬弓手前去應戰?」

面對辛辣的言論,劉備選擇了沉默。

因為他明白,弱者只有蓄勢,才能變成強者。如果當時據理力爭,對改變自身的處境而言,能起的作用也是微弱的。因為弱者的聲音越大,招致的反感就會越多。因此他選擇了沉默,在沉默裡,積蓄能量,在關羽的「溫酒斬華雄」一役中,威震各路諸侯。

不要總是活在評論裡

我們知道，在人際溝通的場合中，斥責之聲總是多於讚賞之聲。在人們的觀念中，讚賞的聲音多半是屬於強者的，只有強者才能配得上讚賞。讚賞別人，意味著別人在某方面的能力要超過自己。人性的弱點就是：能夠容得下不如自己的人，卻容不下強於自己的人。

在人性的驅使下，人們習慣用斥責的聲音去「招待」別人，而不願意用讚賞的聲音，甚至是平等交流的聲音。

很多人為達到抬高自己的目的，在教訓別人時，樂此不疲，頗有絕招。但偏偏有很多人，就是容易中他人的伎倆，和他們較真，與他們爭吵，甚至使這種教訓的聲音成為自己的一大精神負擔與壓力。

最初只不過是人們用來抬高自己的一種工具而已，後來人們卻本末倒置，教訓者還在原地，被教訓者卻自降了高度。

這樣一來，指責者沒有抬高自己的地位，卻因為被指責者自降了高度，相應地提高了指責者的高度。

就好比兩個人在比較身高，兩個人還沒有站到一起，其中的一個人就已經先低下了頭，彎下了腰。這樣，怎麼可能知道正確的結果？

《中庸》中說：「喜怒哀樂之未發謂之中，發而皆中節謂之和。」

意思是人在沒有產生喜、怒、哀、樂這些情感的時候，心

第七章　幫苦口良藥包上糖衣

中沒有受到其他的侵擾，是坦然的，這樣的狀態就是所謂的「中」。「和」的境界是指在處理各類事務的時候，不可避免地在心理上產生反應，發生各式各樣的情緒變化，並且在表情、行動、語言等方面表現出來。所表現出來的情緒恰到好處，既不過分也無不足，而且還符合當事人的身分、不違背情理、適時適度。

然而，當遭遇別人的教訓時，受到無理的責備時，甚至是受到莫名的謾罵時，會影響情緒的變化。遇到這些事情的時候，是對我們的一大考驗。

如果在被人指責的過程中亂了方寸，則切切實實是個失敗者。

常言道：「為將之道，當先治心。泰山崩於前而色不變，麋鹿興於左而目不瞬，然後可以制利害，可以待敵。」

就是說作為一名將領，首先要控制好自己的「心」，即使泰山在面前轟然崩塌，或者麋鹿突然從旁邊躍出，依然要保持從容鎮定，這樣才能控制戰場局面，取得最後的勝利。

被視為美國歷史上最偉大的總統之一的羅斯福，是美國歷史上唯一連任4屆總統的人，任職長達12年。他與當時的另一位競爭者胡佛（Herbert Hoover）之間的競爭故事廣為流傳。

從競選一開始，兩個人就擊出重拳，妄圖將對方一下子打垮。

羅斯福在大街上游行演說的時候，胡佛氣勢洶洶，說羅斯福是一個騙子，是一個影帝，擅長利用表演迷惑全體公民，又爆出

不要總是活在評論裡

猛料,說羅斯福家族的資產都是透過詐騙、洗錢的違法手段得來的,同時對羅斯福進行了人身攻擊。

面對撲面而來的惡評、謾罵,羅斯福表現得相當鎮定,在麥克風面前,他微微一笑,說:「赫伯特(指當時的競爭者胡佛),你又來這一招了。」

簡單的一句話,讓胡佛立刻啞口無言。

不被影響,胡佛一段惡毒的謾罵,羅斯福只一句話就簡單地化解了。

在人際溝通中,隨便一點讚揚之聲都可以讓我們高興,隨便一點斥責之聲就可以讓我們反感,隨便刮來一片樹葉就讓我們看不到光明……這樣的人能夠有機會成功嗎?能夠經得起大風大浪嗎?

虛榮心讓我們渴求被讚美,這是人的一種共性。但現實生活中,我們經常聽到的卻是斥責的聲音,甚至是惡意的攻擊。

這時,你需要記住古人的一句哲理之言:走自己的路,讓他人去說吧。想做一個快樂的人,需要記住:嘴巴是別人的,快樂是自己的,即使人家斥責你、否定你、攻擊你,也不代表你的自我受到否定,唯一能否定你的人,只有你自己。

生活中,決定人是否滿足的關鍵點就是不要太在乎別人的負評,換句話說,臉皮要厚一點。不要因負評而失去方寸,不要因為別人的冷言冷語就情緒失控,以為自己受了莫大的傷害。

第七章 幫苦口良藥包上糖衣

面對負評,要冷靜地想一想,如果負評是正確的,等於指明了正確的方向;如果負評是不公正的,何不一笑置之呢?何況很多時候,負評大多數都是在不經意的情況下脫口而出的。

總而言之,嘴巴是別人的,如何掌握是自己的,容易被別人的負評所左右的人,要冷靜地想一想:「為什麼要成為負評的奴隸?為什麼要如此在意別人的負評呢?」

直接謾罵最愚蠢

> 現實中,當你準備罵別人時,要記住這句話:給狗一個惡名,不如把牠吊死。

很多時候,在罵別人時,大多數話都是在不經意的情況下脫口而出的。

舉個例子:

幾天前,助手將我非常在意的一單業務弄砸了。我非常生氣,憤怒之下,立刻痛罵他:你怎麼總是這樣,說過你多少回了?

然而,謾罵換來的往往是極力地辯解。

他的行為燃起我更大的怒火,又嚴厲的罵了他一頓。發火之後,看他委屈的神情,我知道自己的責罵太過了。

為了彌補,我為自己辯解:我這是對事不對人,也是為了你好。

但是,這並不能減輕責罵對他的傷害,也不能減少副作用。當天晚上,他傳了一則訊息給我:我朋友開了一家公司,讓我過去幫忙。

我知道,我犯了錯。他是一個非常優秀的助手,卻在我的痛罵之下離開了。他丟失了一份工作,我也損失了一位助手。

痛罵的結果要麼傷害他人,要麼自己反被人傷害,弄得頭

第七章　幫苦口良藥包上糖衣

破血流。這是一種危險的導火線，一種能使人性的缺陷徹底爆發的導火線，這種爆炸的殺傷力有時候會置人於死地。

我在想，如果我能夠避免這種直接斥責，會不會就不會出現這種結局？我的斥責換來的不是他對自己錯誤的反省，而是他的極力辯解，他的極力辯解沒有讓我意識到自己的斥責是不對的，反而激起更大的怒火。

人性的弱點使然。

你可能已經明白了，人性的缺陷——做錯事的人只會斥責他人，而不會斥責自己。

這句話適合任何一個人。說一個朋友的案例：

朋友是做工程設計的，由於人事變動，部門已經三個月沒有接到一單工作。

恰好，趕上一次招標，朋友摩拳擦掌，要求公司必須拿下這個訂單。很不幸，儘管已經做足了努力，訂單還是被別人搶走了。

朋友氣憤難平，從部門主管到每一個參與競標的員工，全部被他罵了一頓，一再強調自己多麼辛苦、多麼努力，似乎失敗與自己沒有任何關係，這搞得公司上下是一團怨氣。

其間，他的助理抗議性地說了一句：這次的投標你自始至終都在參與，大家都有責任。

這句話惹怒了朋友，當天就和助理結清了薪水。

> 直接謾罵最愚蠢

很多時候，我們看到別人做得不對，就喜歡去斥責；而當自己做錯了事情，別人來斥責自己，又覺得心裡憋屈。這就是人性，強烈的虛榮心和可怕的反抗心理。

我想對這位朋友說：蛇的爬行方向，由蛇頭決定；蛇的爬行路線，同樣由蛇頭決定。

直接的指責是沒有任何用處的，因為它會使人採取防守的態勢，並常常使他們竭力為自己辯護。

美國著名總統林肯是一位了不起的人物。他死去的時候，陸軍部長說：「躺在這裡的是世界歷史上最完美的統治者。」

林肯的成功祕訣是什麼呢？

年輕的時候，林肯喜歡到處教訓別人、譏笑別人，而且還經常發表文章諷刺別人，尤其是社會上的一些名流。

這一次，他在當地的時事報上發表了一篇文章，諷刺一位自視甚高的政客希爾斯，諷刺他「嘴裡的菸斗像狗拉出的乾癟的大便」，被全鎮的人引為笑料。希爾斯敏感而自傲，用重金在報紙上發表宣告：要求和林肯決鬥，以維護自己的榮譽。

林肯反對決鬥，但是礙於面子，他只好應戰。全鎮的人都在等著看林肯。為了活命，他跑到西點軍校尋找退伍的軍官，讓他們教自己決鬥技巧。

幸好在最後一刻，政府阻止了他們，才避免了一場決鬥。

直接斥責是危險的，它完全踐踏了一個人的面子，結果只

第七章　幫苦口良藥包上糖衣

會激起對方的堅決反抗。

這是林肯一生中最為驚心動魄的事情，徘徊在生死邊緣的林肯懂得了如何與人相處的藝術。從此以後，他幾乎從未因為一件事而直接斥責過任何人，即便有人羞辱他「臉的長度可以玩雲霄飛車」，他依然微笑應對。

羅斯福總統說：「當我遇到難以決斷的問題時，常常會靜靜地仰望掛在白宮的林肯畫像，問自己：『如果林肯處在我的境況時，會怎麼樣處理呢？』」

人性的缺陷會讓人做出改變嗎？

當一個人的改變源自自身時，他已經不是一個平常人了。西點軍校特種部隊有這樣一項規定：

不允許特種兵在事件發生後立即申訴或者斥責他人，必須忍受一夜，甚至更長的時間。如果立即申訴，他馬上就會受到懲罰。

負評者的心態，用一句話簡單地歸納出來就是：貶低別人，抬高自己。

其實，採用貶低別人的方式來增加自己的砝碼，只會適得其反，自己的砝碼非但沒有因為貶低別人而增加，反而會被削減。

真正的溝通高手，不是利用直接揭穿別人的錯誤來突顯自己的正確，而是透過掩飾別人的錯誤而被別人突顯。

當別人攻擊你、無情地斥責你時，原因很簡單：你的存在

對他形成了威脅。因為他們自以為這樣可以提高他們自己的重要性,突顯他們的個人能力。

這種提起的高度是一種虛高,建立在傷害別人的基礎上。負評之下,是別人燒起的怒火。

另外,當你被別人斥責時,這並不完全是件壞事,至少說明了一點:你已經獲得他人的注意。有些人喜歡攻擊比自己地位高、能力強的人,以滿足自己那卑劣的本性。

社會上,很多人喜歡挑大人物的毛病,因為這些人可以從中獲得很大的樂趣。

當有人攻擊你時,請記住,沒有人會踢一隻死狗。

第七章　幫苦口良藥包上糖衣

「先兵後禮」顯誠心

> 如果一味地表揚或先表揚後斥責都顯得虛偽，而先斥責後表揚則顯得客觀與有誠心。

在辦事方面，有些人喜歡顛倒順序。「先小人後君子」是人際溝通中的法則，然而，在具體的實施過程中，有些人則顛倒了順序，演變為「先君子後小人」，順序變了，性質變了。

「先君子」出於一種愛面子的心理，「後小人」多半是出於私心，無奈之下發展的狀態。

我剛出社會的時候，只能租房子住。在城市的郊區找到了一間房子，房東很大方，提供很多的幫助。對我提出的條件也是有求必應，偶爾還會邀請我去吃飯。這讓我打心裡高興，因為我找到了一個好房東。

然而，短短的一個月過後，房東開始對我提出一些建議，比如垃圾要分類、及時倒垃圾等，這些理所當然。但後來，開始提出一些近乎苛刻的意見，比如抱怨用電太多、用水太多，言下之意，要增加房租。

嘮叨一個月下來，四戶租戶搬走了三家，還有我一個人留在那裡。對新搬進來的租戶，房東同樣是「先君子」。此時，看房東的嘴臉，已經是分外醜惡。

「先兵後禮」顯誠心

半個月之後,我也憤憤然地搬離此地。

重新找了一個租間,房東是兩位退休教師,拿出十條建議,作為所謂的合約,逐一解釋,每一條都規定得特別苛刻,讓我一度懷疑他們是不是真的教師。然而,真正接觸之後,才發現他們如此大方。

很多合約裡規定的收費項目,都被他們免除了。

很多人都有這種心理,「先君子後小人」令人非常討厭,「先小人後君子」則令人心中舒服很多。

一些街邊的小商小販,在稱貨時,非常有經驗,順序掌握得非常好。他們不是在秤盤裡先多放,再一點點地拿出來,而是先少放,再一點點地添入⋯⋯

兩種完全不同的順序,產生的效果也大不相同。

前一種方法,會讓顧客覺得很不舒服,「被拿走」對任何顧客來說,都會在心裡產生一種不捨的情愫;後一種方法對顧客來說,則會在心理上產生一絲安穩,儘管二者最後的客觀結果是一樣的。

社交的過程中,我們總會對別人進行一些客觀的評價,這個時候,要注意增減效應。

人們喜歡接近那些對自己的喜歡不斷增加的人,而不喜歡那些對自己的喜歡不斷減少的人。

這種社交中的心理行為稱為「增減效應」。

第七章　幫苦口良藥包上糖衣

前面說到的「先小人後君子」以及街邊的小商小販，都是在利用這種增減效應。

社交的過程中，評價別人時，一味地誇獎並不能讓對方信服，難免有客套之嫌；一味地斥責對方，容易激起對方的憤怒；最好的方式是先說對方一些無傷尊嚴的小毛病，然後再恰如其分地給予讚揚。

這就是一些管理者評價別人時，為什麼讓人信服的關鍵所在。

了解並不一定代表會發揮它的功效。

人際溝通中，增減效應要學會靈活變通，不能機械地照搬。在評價人時，所涉及的具體因素很多，僅僅依靠讚揚與指摘的順序變化不能說明一切問題。

具體實施的過程中，要根據具體對象、內容、時機和環境靈活應對，才不至於弄巧成拙。

責人先責己

> 要實現有效溝通，在指摘對方，讓別人改掉身上的錯誤之前，首先要指出自己的缺點。

曾有這樣一段讓人啼笑皆非的影片：

一個軍官在舉行閱兵儀式，軍官一臉威嚴，眼睛猶如鷹眼一般銳利，在掃視著佇列。

在檢閱的過程中，突然間，他好像發現了什麼，就直直地走到一個士兵面前，將士兵上下打量了一番，然後嚴厲地命令說：「把口袋上的扣子扣好。」

這士兵非常慌張，結結巴巴地問：「是現在嗎，長官？」軍官說：「是的，馬上！」

這個士兵小心翼翼地伸出手，把上校襯衫口袋的扣子扣上了。

這個時候，鏡頭停在了長官的襯衫口袋上，原來他身上的制服也出現了同樣的問題。

讓人啼笑不已。

雷根上任美國總統之後，應加拿大總理杜魯道（Pierre Trudeau）的邀請，前往加拿大進行國事訪問。

在加拿大總理府演講的過程中，雷根的講話不斷被反美示威的加拿大群眾所打斷，看著目前的處境，杜魯道顯得很不自在。

第七章　幫苦口良藥包上糖衣

　　雷根笑著說：這種事情在我們美國時有發生，我想這些人一定是特意從美國來到貴國的。他們想使我有一種賓至如歸的感覺。

　　這一席自嘲的話，使杜魯道頓時眉開眼笑，同時也使雷根很順利地擺脫了尷尬的處境。

　　雷根首先指出自己經常處於這種境地中，說明自己也不是無可指責的，然後再讓杜魯道接受目前的處境，不要被環境影響情緒，兩人之間的交流溝通就會順暢多了。

　　美國心理學家梅奧在自己的著作中說：指責不僅僅是一種手段，更是一種智慧，沒有人願意聽到指責的話，但在指責別人之前，我們能夠先指責一下自己，就會完全不同了。

　　梅奧在到一所大學講課時，有人推薦了一位助手史丹利，梅奧高興地答應了。

　　史丹利還只是一個大三的學生，沒有任何的經驗，對於商業常識和生意上的事一無所知，有一段時間，她經常犯錯。

　　看到史丹利連最簡單的事情都處理不好，梅奧非常生氣，很想指責她幾句。但轉而一想，她年紀小，閱歷淺，不能太苛求，於是改用和顏悅色的口氣對她說：「現在你經常做錯事，這是很難避免的，我在你這個年紀的時候，也像你一樣，經常做錯很多事情。但後來我注意學習，犯的錯就越來越少了。因此你也要多學習，我相信將來隨著年齡的成長你一定會更加有才

責人先責己

幹的,要注意學習。」

從那之後,史丹利的錯誤越來越少,每次有錯的時候,梅奧都會說:史丹利,你做錯了事情,我在沒有用心的時候,也會犯這些錯。因此,你要用心去改掉這些錯誤。

史丹利畢業之後成為梅奧的得力助手,直到現在。人際溝通中,如果能夠在指責別人之前,先指出自己的錯誤,再讓被指責者聽他自己的錯誤,似乎就不十分困難了。

社交中,我們常常如故事一中的軍官一樣,在看待別人缺點的時候好像攜帶了放大鏡一樣,但對於自己的缺點,卻好像是盲人一樣看不見。指責別人容易,反省自己難。很少有人能夠做到像雷根總統那樣,先進行自我指責,消除別人的戒備心理。

案例一中的長官,如果能夠在指責士兵之前,掃視一下自己的襯衫,隨即對士兵說:「你認真地檢查一下我的著裝,有沒有問題?」

不管士兵如何回答,長官都可以說:「是的。我像你一樣,也存在這樣的問題,但我希望你可以在以後的時間裡,注意服裝,讓我們一起改掉這個錯誤。」

相信這個效果會更好一些。

卡內基說:人與人間的關係不是指責而是欣賞。欣賞對方的長處,包容對方的短處,宣傳別人的好處,擔當別人的難處。

人性的劣根性,決定自己的眼中容不得半點沙子,尤其是

第七章　幫苦口良藥包上糖衣

別人的思想或者行為產生的「沙子」，即便這種「沙子」本質上只是與自己的價值觀念、思想相衝突，而不是真正的「雜質」，卻因為人性的排他性導致其一併被劃入沙子的範疇。

當發現沙子時，人們會以最嚴厲的方式對待，卻根本不顧自己是不是成了別人的「沙子」。

想真正地避免「沙子」，需要認真地檢索，確定這粒「沙子」是真正的沙子，而不是價值觀念、思想相衝突產生的「沙子」。另外，還需要注意在幫別人清理沙子的時候，自己身上不要有沙子，否則只會適得其反。

生活中，當人們做錯了事，或者發生了被別人嘲笑的事情，當他自己主動告訴你時，或許會坦白地承認錯誤。然而，如果是你直接指出他的錯誤，那麼他一定會出於自我保護的目的找出種種理由加以辯解。這是人性的一種本能反應，當受到外物侵襲時，會全力收縮保護。

你可以透過實驗，無論是小疏忽或大錯誤，幾乎沒有人能在別人指出後立刻坦率地、不為自己解釋地承認錯誤。因此，需要指責他人、幫助別人改掉錯誤時，一定要講究方法，態度要誠懇。

唯寬可以容人

> 寬容,是實現有效溝通的潤滑劑,能夠解決很多磕磕碰碰的問題。

在美國歷史上,總有一些不幸的總統,亞伯拉罕·林肯就是其中的一位。

這裡的不幸不是林肯一生中高達三十次的失敗,而是在林肯就任總統儀式上的不幸,這件事被稱為「美國歷史上最不幸的事件」,但它卻為林肯贏得了美國公民對總統前所未有的尊重和愛戴。

林肯成功就任美國總統後,在慶祝儀式上,林肯的副總統安德魯·詹森(Andrew Johnson)喝得醉醺醺的,當著國會眾議員,甚至有記者在場的情況下,竟然指責林肯,說林肯像是從野生動物園裡跑出來的野馬(林肯的臉比較長,而且出身窮苦)。並在接下來的演講中語無倫次,甚至一度胡說八道起來,將就職典禮搞得一塌糊塗,連基本的禮節都顧不上了。

國會眾議員看不過去,要求警察將他關進拘留所,讓他在拘留所裡醒醒酒。

林肯沒有同意,只是派人將副總統送回了家。

第二天,詹森酒醒了,想起昨日之事,惶恐萬分,到林肯面

第七章　幫苦口良藥包上糖衣

前道歉。接下來的事情，讓林肯贏得了美國公民的尊重和愛戴。林肯說：

我昨天也喝醉了，記不得這件事了。

這裡，林肯寬容了詹森，也為自己做了一次很好的感情投資。這就是寬容的力量。

要知道，這個世界上，每天都有很多人被別人得罪，只要懂得讓一步，便可以化戾氣為和氣。

我聽說過這樣一個故事：

在美國舊金山唐人街的一家菜市場裡，有個攤販的生意特別好，很多人都願意去那裡購買各類蔬菜。

這邊的攤位生意好，就會遮住鄰近的幾家攤販的生意，導致他們心生嫉妒。每次收攤的時候，大家都將周圍的爛菜葉等垃圾掃到他的攤位前。

攤位老闆看見後，只是笑一笑，並沒有跟他們爭執，反而將垃圾掃到自己的角落裡，等候著市場清理人員清理走。

這天，清理人員忍不住問道：「他們都把垃圾掃到你這裡，很明顯是欺負你，你為什麼不到市場管理處去投訴他們呢？」

攤位的老闆笑著說：「在我的家鄉，每到過年的時候，大家都不會往外倒垃圾。家裡的垃圾越多，來年就能夠賺更多的錢。你看，他們每天把垃圾掃到我這裡，我的生意不是越來越好了嗎？」

唯寬可以容人

鄰近攤位的人聽到後,都感覺到很羞愧,再也沒有往他的攤位前倒垃圾。這位小老闆的寬容美德既寬恕了別人,同時也為自己創造了一個融洽的人際環境。

人的心理好比是一塊淨土,當受到外來的侵犯時,神經系統會不由自主地收縮,表示一種強烈的抵抗情緒。當兩種強烈的情緒碰觸到一起,會產生強烈的化學反應。現實中就會因此發生糾紛,產生分歧。

這是不利於人際交流和溝通的行為。

如果在受到外力的侵犯時,在一定的限度內,能夠選擇寬容,等於容忍了別人的侵犯,糾紛、分歧的問題便會迎刃而解。

生活中,人性的防禦本能難免會導致自己與其他人發生衝突。比如,有人在背後惡語中傷,面對這種情況,人的防禦本能會讓你選擇「以牙還牙」,用同樣的方式攻擊對方。

但是,如果這樣的話,你和惡語中傷的人有什麼區別呢?

比如,當生活中的朋友背叛你的時候,你是選擇伺機報復,還是選擇默默承受,寬容他呢?

林肯說過:寬容是一件十分困難的事情,但正是在困難的事情面前,才能彰顯一個人的品德和胸懷。

林肯在競選總統的過程中,他的出身成為競爭對手攻擊他的把柄。這天,一個傲慢的參議員對他說:「林肯先生,在你開始拉攏別人之前,希望你記住你是個鞋匠的兒子,你的父親只

第七章 幫苦口良藥包上糖衣

會替別人修鞋。」

林肯並沒有表現出憤怒,而是說:「非常感謝你使我想起了我的父親,他已經過世了,我一定記住你的忠告。」

這個時候,參議院陷入了一片沉默。

林肯氣定神閒地轉過頭,對那個傲慢的議員說:「我的父親在修鞋上非常不錯,如果你的鞋子不合腳,我可以幫你改正它。雖然我無法像我的父親一樣,成為一個優秀的鞋匠,但我從小就跟我的父親學會了做鞋子的技術。」

說到這裡,原來的嘲笑化作了真誠的掌聲。

共和黨和民主黨是美國兩個對立的政黨,林肯對政敵同樣是寬容的態度。這讓林肯的擁護者非常不滿,指責林肯:「你為什麼試圖讓政敵變成朋友呢?你應該想辦法打壓他們的勢力,鞏固自己的勢力。」

林肯溫和地回答說:「我現在做的就是在消滅政敵。你想想,當我們成為朋友時,政敵就不存在了。」

這就是林肯的大智慧,用一種寬容的方式,將敵人變成朋友,敵人就不復存在了。

生活中,每個人都會犯錯,當我們犯錯的時候,希望得到別人的寬容。為什麼在別人犯錯的時候,不能用一顆寬容的心去包容呢?

別人寬容自己的錯誤,自己會對別人表示感激。當寬容別

唯寬可以容人

人的時候，自然也能夠贏得別人的感激。

相反，如果凡事都要斤斤計較，得理不饒人，雖然面子賺足了，實際上卻失去了很多寶貴的東西。

智慧經典《易經》上說：天行健，君子以自強不息。地勢坤，君子以厚德載物。

其中，厚德載物就含有寬容的意思。

子貢問孔子：「有沒有一個字，可以作為終身奉行的原則呢？」孔子說：「那大概只有『恕』字吧。」這個「恕」就是寬容。

第七章　幫苦口良藥包上糖衣

說話不要太較真

> 我們要廣交朋友，同時凡事不要太較真。

大家對於喜歡較真的人怎麼看？

我說個例子：一個朋友，擅長寫一些青春愛情類的催淚文章，部落格上聚集著一批粉絲。

這天，他用網購買了一個掛墜類的小物品。交易完成後，要給個評價。朋友覺得小物品沒什麼亮點，不好也不壞，於是他就給了賣家一個中評，因為他覺得好評必須是自己感到特別開心特別滿足的情況下才能給。

沒想到，這個中評惹怒了賣家，賣家抓狂了。先與他透過訊息溝通，隨後是電話。

賣家的意思是你既然沒什麼不滿意的，就是好評，為什麼要給中評呢？要求對評價進行修改。朋友的意思是我也不是特別滿意，那就應該不好不壞給中評。

兩個都是較真的人，為此進行了五六次爭論。結果，兩人就僵持了，然後賣家開始恐嚇，我的朋友怒了，徹底地怒了，覺得自己站在真理的一邊。

於是就在部落格上將這件事情捅了出去，並將這家小店的網址掛在部落格上。

這引起了那群粉絲的觀注,轉而將憤怒的矛頭指向了那家小店。幾天之後,那家小店的評價上多了幾十個負評。

我想他的店恐怕是很難開下去了。

先不管中評好評,這個較真就不應該。根據常規意義,不好不壞確實應該就是中評。

一個網店,有幾個中評不會影響生意,但多了幾十個負評,效果就可想而知了。

何必較真呢?

再來說一個笑話,如果你聽過的話,千萬不要較真啊。

在一個王國裡面,國王為了刺激畜牧業的發展,頒布了一道命令:一個村落如每人食用牛肉或者羊肉一碗,就可免一年的賦稅。

大家聽了很高興,除了一個叫香火村的村莊村民,因為那裡住著一個小和尚。

很多村民都在勸說和尚,你就吃一次肉吧,你吃了,我們幾百口人一年的賦稅就可以免了,那可是一大筆錢,出家人以慈悲為善,就吃一次吧,又不會死人。

小和尚不吃,大夥兒又說,你吃一口,我們拿一部分錢幫你修個廟,這樣你可以發展更多的信徒。小和尚還是不吃。

結果,憤怒的村民把小和尚趕出了村子。

第七章　幫苦口良藥包上糖衣

小和尚非常不解，找老和尚說理，老和尚說：何必較真呢，一碗肉而已。酒肉穿腸過，佛祖心中留。

生活中，不能玩世不恭、遊戲人生，但也不能太較真。

在四川一家動物園，一位飼養員特別愛乾淨，對動物也特別有愛心。為了讓小動物住得舒服，他每天都會把小動物住的籠子清理得乾乾淨淨，以往那些一片髒亂、散發出異味的情況消失了。結果呢？

面對乾淨的居住環境，小動物一點也不領他的情，在乾淨舒適的環境裡，動物們開始慢慢萎靡不振了，有的厭食消瘦，有的生病拒食，有的甚至死了。

原來，小動物都有自己的生活習性，有的喜歡聞混濁的腥氣，有的看到自己的糞便反而感到安全等。

這個飼養員真是得不償失。

人性本善，人對順著自己的事物不會產生戒備，但對與人性相衝突的部分，會表現出強烈的排斥感，甚至是強烈的毀滅欲望，這是人性的一大缺陷。

在人際溝通中，要避免這種人性缺陷。

一面光滑如水的鏡子，在高倍放大鏡下也會顯出凹凸不平；肉眼看上去很乾淨的東西，拿到顯微鏡下，周身都是可怕的細菌。試想，如果我們每天都戴著放大鏡、顯微鏡生活、學習，恐怕連飯都不敢吃了；而如果再用放大鏡去看別人的毛病，恐

怕對方要株連九族了。

哲學家尼采說：走在大街上，聽到背後傳來罵聲，我連頭都不回，因為我根本不想知道是誰在罵，是在罵誰。人生如此短暫和寶貴，要做的事情太多，何必為這種令人不愉快的事情浪費時間呢？

尼采的心胸是常人無法比的，知道該做什麼和不該做什麼，知道什麼事情應該認真，什麼事情可以不屑一顧。要真正做到這一點是很不容易的，首先就需要面對和解決人性的缺陷。

人際溝通中，不會任何情況都讓人滿意，這時，要遵循求大同存小異的心態，這樣才能左右逢源；相反，如果凡事明察秋毫，眼裡揉不下沙子，雞毛蒜皮的小事都要論個是非曲直，容不得人，恐怕對方也會躲自己遠遠的。

有一對新婚夫妻，每天都為一些小事爭吵，爭吵的結果是兩個人感情越來越淡，婚姻面臨著解體的危險。

後來，他們為了挽回自己處於危機的婚姻，相約做一次浪漫之旅，如果能找回感覺就繼續生活，否則就友好地分手。

他們選擇進行一次鄉村之旅。在一個小村，他們看到一個老人用一個籠筐篩選豆子，把豆子倒在上面，小的豆子會掉下去，大的豆子會留在上面，做豆種。

這對夫妻問：掉到下面去的一些豆子也可以做豆種的。

這位老人說：不用分得那麼細，現在是農忙時節，我每天

第七章　幫苦口良藥包上糖衣

要篩選三百公斤豆種,如果太較真的話,恐怕我一天連十公斤豆子都選不出來。

這對年輕的夫妻瞬間明白了,生活中應該多一些寬容,多一些諒解,凡事太較真,結局只能是讓自己成為孤家寡人。

「水至清則無魚,人至察則無徒。」何必較真呢?

溝通交際中,我們需要明確有些事情不需要太較真,敷衍了事可以騰出時間和精力,全力以赴認真地去做該做的事,我們成功的機會和希望就會大大增加。與此同時,由於我們變得寬宏大量,人們就會樂於跟我們交往,我們的朋友就會越來越多。事業的成功伴隨著社交的成功,應該是人生的一大幸事。

第八章
說服他人,其實很簡單

生活中,所有的人際溝通中都包含著這種表演的藝術成分。青年男女在異性面前,不遺餘力地展現自己的才華與美貌;模特兒在鏡頭前賣力地表現最美的一面;下屬在上司進來時盡量表現出忙碌的樣子。這都是一種表演藝術。

第八章　說服他人，其實很簡單

用言語激發別人的好勝心

> 要讓別人按照預期的目標前行，你需要激發他的好勝心 —— 這遠遠勝過指責、懲罰、表揚等手段。

有一個小學美術老師，天天在家裡備課，兩歲的小兒子經常在一邊默默地看著媽媽創作。

有一天，孩子看著看著，竟然跑過來去搶媽媽的畫筆，也要畫畫。

小孩子明知自己不會畫畫，也明知媽媽知道他不會畫畫，但卻突如其來地宣布自己會畫畫了。媽媽意識到，這正是孩子好勝心、自信心的天然流露，是極其可貴的心理特質。

在媽媽的鼓勵下，他開始「塗鴉」，後來又興致勃勃地學起畫來。這個小男孩，就是後來的日本漫畫大師富堅義博。

激發別人的潛能，最好的方法是激起競爭。這裡的競爭不是勾心鬥角的競爭，而是取勝的欲望。

著名管理學大師杜拉克，在他的筆記中記錄了這樣一件事：

1985 年，日本進口車在美國市場的占有率節節上升，通用汽車已被很多人譏諷為廉價品，到了真正山窮水盡的地步時，通用汽車公司考慮了我提出的方案。

通用汽車的落後是因為各個環節都落後於日本汽車製造商，

> 用言語激發別人的好勝心

尤其是售後服務方面,一輛車需要花費四到五個小時的時間才能完全解決,總是不能完成指標。我一直在考慮:這是怎麼回事?像通用汽車這樣一個大集團,籠絡了當時世界上能力最突出的檢修師,不能使售後服務完成修理指標嗎?

通用汽車後勤保障部主任告訴我:我幾乎用盡了所有的辦法,利誘、激勵、威脅,甚至將開除的方法都用上了,但怎麼樣也產生不了效果,檢修的效率依舊低下。

這個時候,正好是中班結束,輪到晚班的工人前來。我看到板報上寫道:效率是企業的生命力。

我擦掉這句毫無用處的標語,轉身問身邊的工人,你們這班今天檢修了幾輛車?工人告訴我,2輛車。

我在板報上寫道:中班檢修2輛汽車。然後走開了。

次日清晨,早班工人上班時,看到了這塊牌子,牌子已經改成了:晚班檢修3輛汽車。

過了幾天,我到檢修部門檢查的時候,發現板報上的字改成了:中班檢修9輛汽車。

後來,檢修部的負責人告訴我,每天上班前,工人最關心的問題是板報上的數字,他們熱情而又緊張地工作。有天下午,早班的人下班之後,將板報上的數字改成了10,並唱歌表示慶祝。

不久之後,通用汽車一度減少的市場占有率逐漸回升。我的方法是什麼?

第八章　說服他人，其實很簡單

　　我的方法很簡單，激起他們的好勝心，這就是問題的全部答案。

　　人性都有一種想「看到自己的價值和成長」的傾向，這本身就是對人性最好的激勵。

　　生活中，每個人都會非常在意自己的存在、自己的價值是否得到了體現。想使別人順從你、按照你的想法發展，需要設法激起別人的好勝心、改變別人的工作動機。即由外在的工作動機，轉化為內在的好勝心。

　　實現有效溝通，讓別人按照自己預期的方向發展，要學會激起別人的好勝心。

　　不要說「他根本不聽我的」、「我無法駕馭他」之類的話。每個人都是特殊的個體，是獨立的個體，都有自己的個性，不會聽你的，也根本不會讓你駕馭。

　　同樣，你也不需要駕馭對方，不需要讓對方聽你的，你只需要讓對方按照你預期的方向發展即可。如果你駕馭住了他，讓他聽你的話，但卻失去了主觀能動性，這樣對方的動力就會蕩然無存。

　　另外，當他被你駕馭，看你的時候用一種緊張、害怕的眼光，不但思想僵化，甚至還會起反作用，結果只會走向好勝、自信的反面——自卑，而自卑、膽怯是制約人性發展最嚴重的心理障礙。

用言語激發別人的好勝心

人性都有爭強好勝的一面，喜歡表現自己、證明自己的價值，而這正是你激起對方好勝心的關鍵所在。

任何成功的人士，他們都具有一種能力，懂得將機會擺在別人面前，給別人一個表現自己的機會，證明他的價值。而成功人士，需要做的是——該做什麼做什麼，等待著對方傳達好消息。

人際溝通中，很多事情，當我們依靠指責、懲罰、表揚等手段解決不了的時候，我們可以考慮這樣一種策略——給他人提出一種挑戰，然後讓他們自己面對。

在一頭驢子前面放上一把乾草，比從牠後面用鞭子抽牠效果要好得多。從後面抽牠，牠可能會前進，但可能會走向錯的方向；在前面放一把乾草，牠自然會跟著乾草走，方向自然由乾草掌握。

給他人一種挑戰，他們更清楚自己眼下的處境，更明白自己應該怎麼去做。

激發他人的好勝心，能夠使他產生一種向上的精神，這是一種非常有效的方法。要實現有效溝通、完成預期的目標，需要激起競爭，當然不是勾心鬥角的競爭，而是激起人性潛意識中的求勝欲望。

第八章 說服他人,其實很簡單

抓住別人的高尚情結

> 要實現有效的溝通,改變他人,你需要激發他人高尚的動機。

我有個同事趙德厚,他給我的印象就很深刻。在生活中,每當他乘坐電梯時,總發現他有這樣一個行為:電梯門一開,他總要讓其他人先進,自己最後進去,如果遇到電梯中有人出來,他必定先讓人家出來,並把自己的手放在電梯門邊,免得讓人家把衣服弄髒。如果進電梯的人多了,超重了,他必定第一個出來,讓人家先走。

每次,我們一起出去辦事,搭計程車時,他必定幫你開車門,像個紳士一樣。最讓我難忘的是,每次中午我們很多同事一起出去吃飯,吃完飯他總會給大家一張餐巾紙。另外,他本人平時特別仗義,遇到同事尋求幫助,在能力範圍之內,總會盡力幫忙,儼然一個江湖俠客。

後來,趙德厚告訴我,他是趙雲的後人,然後將趙雲的英雄事蹟講給我聽。有很多我聽過的,也有很多我沒有聽過的,都是在讚揚趙雲的膽魄和忠勇。每次還不忘表達忠心,立志要做個趙雲一樣留名青史的大人物。

大概在趙德厚看來,自己是一個「柏拉圖」式的理想家,有

> 抓住別人的高尚情結

一個崇高的理想在激勵著自己。

確實如此，趙德厚在工作和生活中非常慷慨、仗義，在同事中的印象很好。

由於他的這種行為習慣，我們大家也慢慢地跟著趙德厚學，久而久之便都養成了一種「為他人服務的思想」。

在平時的笑談中，我們總是說這是「趙德厚效應」。

一種高尚的行為，引發他人的高尚，事實上，這是人性。比如，你在鏡子中見到自己的時候，都會覺得自己與眾不同，這不是自戀心理，而是內心的一種潛在的高尚情結。

李偉是房仲，有一套房源的主人威脅李偉，告訴他：「如果再找不到一個長期的租戶，我將把房源介紹給其他的房仲，讓他們從中收取仲介費。」

這套房源的主人，在兩年前將房子投入到李偉的仲介公司，敲定價格之後，讓李偉負責幫他尋找租戶。然而，短短的兩年之內，這套房源先後有 6 家住進去，儘管都簽訂了一年的合約，但卻沒有住到約定的期限，紛紛毀約離開。

這樣，帶給李偉的公司不少收益，但卻惹怒了房源的主人，因為他需要三番四次地從幾百公里之外趕過來簽合約。

這也讓李偉非常生氣，他與房源的主人簽訂了三年的仲介合約。「如果在以前，我會跑到房主那裡，讓他把合約再讀一遍，我要指出，如果他毀約，需要根據合約規定補償我的損失，

第八章 說服他人，其實很簡單

而且要求最大限度地補償。」

「可是我沒有那麼做 —— 不能把事情搞壞。」他決定使用別的方法。

他說：「多年的仲介生涯讓我對許多人的人品有很大的了解，我認為你是一個守信的人。實際上，你的確如我想像的那樣，兩年的合作，你從來沒有過不守信的現象。」

「現在，我的建議是這樣：我們重新規劃一下合約，我寧願吃虧，也想留住這樣一位誠信的客源，這是我的公司賴以生存和發展的基礎。」

短短的三天之後，他們重新簽訂了合約，而且將還剩一年的仲介合約延長為三年。

人之初，性本善。從人性的角度出發，當一個人在進入一個新的領域時，他的人性以一種原始的善良狀態為出發點，都是抱著一種善良、美好的動機去工作、去學習、去交友等等。

例如，新到一個陌生的環境，總是希望留下一個好印象給別人，希望摒棄掉以前的種種惡習，做出改變。這是人性善良的一面。

而後天環境的變化，才造成了各種行為的差異，導致背離「善」的現象。

美國金融大師摩根（John Morgan），不僅是一位卓越的經濟學家，更是一位心理學家。他說：一個人從事一件事，通常有

抓住別人的高尚情結

兩種理由,一種是真實的,一種是高尚的,而高尚的動機則往往更具驅動力。

因此,要改變人,需要激發別人高尚的動機。

一位保險公司的主管,為了能夠提高手下員工的工作效率,常常會送一些管理方面的書籍給下屬。他告訴員工:努力開拓業務,是為了有能力去管理別人。

管理別人是一種高尚的動機,這一句話給他的員工無形的動力,激發了他們的高尚動機,並且將集體的鬥志帶到最高點。

人際溝通中,高尚的動機是做給別人看,想得到幾句稱讚呢?還是完全發自內心的呢?

其實,從人性的角度來說,高尚的動機不需要具有表演的性質,不需要做給誰看,更不是要得到誰的幾句讚揚。高尚只是一種品行,是一種日積月累的行為習慣。

然而,溝通交際中,很多時候,當我們發現對方動機不良、不懷好意時,戒備心會促使我們還擊,而還擊的方式通常為一針見血地向對方提出挑戰。

這並非是一種理智的方式,這只會激化對方的不良動機,在人性的驅使下採取更加激烈的方式。這種行為不免會引發一場衝突,對方反而變本加厲,這樣自然不會有什麼好結果。

但如果我們換一種做法,在他們產生不良動機時,以一種高尚的動機讓他人將這種不良的動機自行泯滅,並隨之讓高尚

第八章　說服他人，其實很簡單

的動機產生強大的驅動力，產生一種良好的效果，在這種情形下，很多事情就變得容易溝通與解決了。

比如，在擁擠的公車上，一位抱著孩子的媽媽上了車。而孩子的旁邊正好有一個人，他不想讓位，將臉故意扭向窗外，動機是不願意讓位子。

而作為售票員，提醒顧客讓座位給老人、孩子是一種責任。你會怎麼樣實施呢？

「先生，您好，請把座位讓給孩子，謝謝！」

這並不是最好的辦法，即便座位上的人站起來，也不是心甘情願的。如果售票員換一種方式：「小朋友，這位叔叔太累了，讓他坐一下，休息好了他就會讓給你的。」

相信這句話一出，座位上的人就再也坐不住了。

這就是高尚的動機。售票員對座位上的乘客採取了尊重禮讓的方法，設計了一個「高尚」的角色給他：他是一個善良的人，只是由於過度勞累而無法施善行。趨善心理使座位上的人無法拒絕扮演這個善良的角色。

人性都喜歡把自己理想化，都喜歡把自己的行為賦予一種高尚的動機。因此，如果我們想改變他人，就應該使之產生一種高尚的動機。

利用表演藝術

為了更好地實現有效溝通，必須學會利用表演藝術。

這天，妻子在看一部韓劇，劇情的結尾有點悽慘，天空飄起小雨，男主角孤獨地拎著行李箱離開，再加上悲慘的音樂，妻子竟然在抹眼淚。

一個虛幻的故事，能讓現實中的人抹眼淚，依靠的就是表演藝術。

曾有這樣一篇短篇小說：

艾倫是一位中產階級家庭主婦，她邀請自己的朋友來家裡做客。為此，她認真地準備要舉辦的家宴，細緻地挑選宴會上要使用的餐具，精心地打掃她的房間，讓房間的每一個角落一塵不染。並挑選合適的衣服，極為細緻地梳妝打扮等。

這一切都在她的心中計劃得天衣無縫。當然，這些努力都是表演，目的是想留給客人一個良好的印象，讓客人覺得她是一位富有魅力、和善而稱職的家庭主婦。

在宴會上，她熱情大方地招呼著每一位客人，盡量避免單獨和某人談話而冷落了別的客人，注意對所出現的任何意外情況表現出寬容態度，極力掩飾自己的疲勞或對個別客人的不滿情緒。

然而，這一切在客人們全部走光後，全部消失。

第八章 說服他人，其實很簡單

艾倫一反溫柔賢惠的舉止，用力踢掉高跟鞋，懶散地倒在沙發上，衝著丈夫大聲地發洩著自己的不滿。

生活中，所有的人際溝通中都包含著這種表演的藝術成分。青年男女在異性面前，不遺餘力地展現自己的才華與美貌；模特兒在鏡頭前賣力地表現最美的一面；下屬在上司進來時盡量表現出忙碌的樣子，這都是一種表演藝術。

社交場合是一場表演，社會就好比一個舞臺。

曉琳是公司人事部的員工，一次由於工作的失誤，造成了很大的麻煩，公司的績效考核亂如麻，我的憤怒可想而知。

我管理公司，一直是參照規章制度。根據制度，曉琳可能要面對被開除的危險，儘管她一直給我不錯的印象，但卻讓我很生氣。

我把曉琳叫到了辦公室，期間，事情的發展是這樣的：

說實話，我並不想開除曉琳，但是我覺得，既然有規定，就應該依章辦事，不然公司的管理就亂套了。

我正在考慮怎麼和她說開除的事情。

出乎我的預料，曉琳居然站在那裡小聲啜泣起來，看起來滿臉委屈。看到曉琳哭得梨花帶雨的，我再也不忍心開口說辭退她的事情，先前的怒氣也漸漸平復，我從桌上拿了一張紙巾給她，說：「你別哭了，這件事到此為止，以後不准再發生類似的事情。」

事後，我意識到我當時感情用事了，被曉琳聰明的表演藝

| 利用表演藝術

術擾亂了心智。不僅沒有開除她,甚至連基本的責備都沒有。

曉琳關鍵時刻的表演藝術,讓自己免於嚴重的懲罰,這不能不說表演藝術在關鍵時刻幫了大忙。

當然,需要解釋一下,表演藝術分兩種:一是不知道自己在表演,即不自覺地表演;另一種是知道自己在表演,即自覺地表演。

表演並不能單純地被認為是「好的」或者是「壞的」,表演藝術的好壞很難定性。

過後不久,我認為曉琳當初的表演是正確的,不然我可能會損失一名優秀的員工。

三國時期的劉備,是個偉大的表演藝術家,可以說越到關鍵時刻,他的表演藝術越能發揮作用。他的表演藝術能打動很多人,勾起很多人的同情。在表演藝術的渲染下,很多人對劉備不離不棄,甚至願意為他付出自己的所有,這便是表演藝術的作用。

如今人們只用現實中真實的面目表現自己的方式明顯不夠了。如果你想使自己更出色,你必須運用喜劇的表演方式。其中,可以透過電影、電視、廣播等形式,吸引顧客的眼球,訴之於觀眾的視覺和聽覺。

我在一本書上看到過這樣一個有關創業的勵志故事:

故事的主角在事業剛剛起步的時候,只有一個小商舖,坐

第八章 說服他人，其實很簡單

落在一條鮮為人知的街道上，生意很不景氣。後來，他經過苦思冥想，制定了一連串的宣傳計畫，因為資金有限，只能透過當地電臺的形式進行宣傳。

他花了兩千元在電臺上播放了十遍十秒的廣告：

本週六上午十點到下午五點，街口的膠水廠將舉行大力士比賽：誰能把一枚用強力膠黏在牆上的硬幣揭下來，將給予獎金一萬元，絕不食言！

這個消息不脛而走。

當地的電視臺進行了大力宣傳，幾天之內，傳遍全城，很多人都躍躍欲試。

約定的時間到了，人們將店鋪圍得水洩不通，當地電視臺的錄影車也開來了。小老闆拿出一瓶強力膠，將硬幣的一面塗上一層膠水，將它貼在牆上。三分鐘之後，人們一個接一個地上來試運氣，結果硬幣紋絲不動。很快，這件事被宣傳出去了，短短三個月的時間，這種膠水傳遍全國。

人的本性容易受到外界情緒的感染，對一些高於人性情感承受力的現象，容易分泌出一種感性因子，這種感性很容易失去控制，使人容易受到這就是表演藝術的作用。

情緒的控制。

人際溝通的過程就是人表演自我的過程，但這個「自我」並非真實的自我，而是經過喬裝打扮之後

利用表演藝術

的「自我」。這種「自我」源於生活，卻高於生活。

因此，溝通高手實際上是帶著符號製作的「假面具」的表演藝術者。

這不能用社會價值觀去衡量，所謂的「假面具」通常要與社會公認的價值、規範、標準相一致，否則便得不到觀眾的認可，更難贏得他們的喝采。所以，戴著「假面具」表演的意義不完全在欺騙，它還具有約束真實自我所固有的衝動、不安、隨心所欲等非社會化因素的作用。

用最簡單的一句話：世界上其實根本沒有感同身受這回事，針不刺到別人身上，他們就不知道有多痛。

但是為了讓被傷害者接收到同情的訊號，必須要利用表演藝術，達到「感同身受」的效果。

人性的本質，使我們喜歡那種說話直言直語、乾脆果斷的方式，但有些場合，我們如果直接表明自己的意圖，則可能會得到相反的效果。

因此，在這種場合下，你需要收斂起人性的本質，戴上面具，利用表演藝術讓自己的意圖充滿戲劇性。比如，吸引他人的注意、改變他人的意願，這樣你的意圖就不知不覺地滲入到對方的腦子裡。由此你也許會獲得一份戲劇性的收穫。

每一個人都是表演家，很多事情都需要我們使之更生動，更有趣，更加戲劇化，因此，必須恰當運用表演的藝術。

第八章 說服他人，其實很簡單

抓住順承心理合對方心意地說

假定一種優秀的特質，讓他自己去挖掘這種美德。

7歲的英國女孩塞亞・格林非常喜歡吃冰淇淋，一旦吃起來就沒完沒了，因為缺乏自控能力，她常常光顧當地的醫院，甚至有一段時間得了嚴重的腹瀉。

格林夫婦為了糾正女兒喜歡吃冰淇淋的習慣，使用了很多方法，依舊沒有任何用處，甚至一度讓冰淇淋消失在冰箱裡。但塞亞依然會用零用錢到鄰居家購買。

讓格林夫婦非常頭痛的教育問題困擾了他們許久。

這天，格林先生和新搬來的鄰居簡・絲聊天，塞亞也在院子裡騎木馬，當然，格林和鄰居簡・絲聊天的內容，塞亞能夠聽得非常清楚。

「我的兒子傑克喜歡吃冰淇淋，如何糾正他這個問題，困擾了我許久。」簡・絲說。

格林突然想到了一個不錯的方法。

他大聲地說道：「這個你可以讓傑克和我的女兒塞亞學習經驗，塞亞過去也是一個喜歡吃冰淇淋的孩子，但現在已經改正了。現在，她很少吃，除了在天熱的時候。塞亞，你過來。」

塞亞略顯羞澀地跑過來。「去告訴傑克，吃冰淇淋有什麼壞

處,另外,幫助他改正這個不好的習慣。」格林溫柔地對塞亞說。

這簡單的幾句話似乎擁有一種強大的魔力,塞亞不僅把經常吃冰淇淋的習慣改掉了,甚至會在爸爸媽媽吃冰淇淋的時候對他們說:「冰淇淋一定要少吃,這是為了你的身體健康。」

塞亞有了自己的名譽問題需要顧全,並且她真的顧全了。她把常吃冰淇淋的壞習慣改變了,她情願自己忍受著,也不願使爸爸和鄰居傑克失望。

羅斯福是美國偉大的總統之一,他的偉大之處不僅僅是由於把美國的資本主義從覆亡的邊緣拉了回來,更是因為他對手下人品的成功改善。

在1936年的總統選舉中,羅斯福的競爭對手是共和黨阿爾夫·蘭登(Alfred Landon)。在競爭中,經過一番爭鬥,蘭登遭到了美國總統競選史上最慘重的失敗。羅斯福的得票率為98.49%,僅次於華盛頓和門羅。

上任後,他將自己的競爭對手阿爾夫·蘭登提名為政府要員,協助自己解決美國國事。

阿爾夫對自己的失敗一直耿耿於懷,對羅斯福更多的是敵視。

派遣阿爾夫為美國在太平洋軍事基地的總司令官,這是一項十分重大的決定。

「你是我見過的最有魄力和意志力的人,誠實可靠、心胸寬廣,太平洋軍事基地的重要事務,只有你能夠擔任。」羅斯福在

第八章　說服他人，其實很簡單

送行阿爾夫時這樣說道。

後來，太平洋戰場成為第二次世界大戰的轉捩點，而阿爾夫的貢獻居功至偉。

「普通人，你想消除他的警戒，那麼你就對他的某種特質表示讚賞，他就很容易受到暗示的引導，從而形成那種令你期待的品德。」羅斯福說。

簡單來說，如果你要在某一方面改變一個人，你就要做出好像那個優點已經是他的顯著特徵之一的樣子，就這麼簡單。

華盛頓是美國獨立戰爭領導人。戰爭爆發後，他被任命為陸軍總司令。他交給屬下安東尼一份任務，讓他監督修築新城的城牆，並規定半個月內完工。

安東尼負責主管此事。有一個工人因為有事拖延了一天，安東尼就逮捕了這個工人的主管，將其關了起來，以示警誡。

這件事情傳到了華盛頓的耳朵裡，他覺得是安東尼太急躁了，犯了錯。如果直接指出他的錯誤，肯定會讓他難以接受。

第二天，華盛頓去考察進度，見到了安東尼，華盛頓並沒有直接提及主管被抓的事，而是和安東尼共同登上城牆，故意左右張望，然後說：「這堵城牆修得很堅固，真算得上是一件了不起的功勞。勞動量這樣大，進行得很順利，肯定能夠提前完工。而且進行中未曾處罰過一個人，這確實讓人敬佩不已。不過，我聽說你將一個主管工程的人叫來審查，我看大可不必，整

個工程進行得這麼順利，出現一點小小的紕漏是不足為奇的，又何必為一點小事影響你的功勞呢？」

安東尼見華盛頓如此評價他的工作，心中甚是高興。華盛頓離開之後，安東尼立刻吩咐下屬，將主管釋放了。

那個小主管之所以能夠獲免，原因大多在於華盛頓的方式。他首先將安東尼捧上了很高的高度，然後就事論事，深得要領，不能不令人拍案叫絕。

人際溝通中，很多人潛意識中都存在順承心理，對那些合自己心意的就容易接受。因此，順應事物的發展規律，巧言遊說，便容易成功。

偉大的劇作家、詩人莎士比亞說：「假定一種美德，如果你沒有。」最好是假定，並公開地說，對方有你要他發展的美德。

給對方一個優秀的名譽去實現，他便會盡力去實現真正的名譽，而不願讓你失望。因此，如果你要在某方面改善對方，就要做得似乎那種特點已經是他的顯著特徵之一。

這種方式利用了「南風效應」，選擇那些合乎對方自我心理需求、樂於接受的溝通手段和方法，引導對方主動進行自我完善。這種方式會讓對方容易接受，心裡會產生一種愉快的感情，激勵自己向這個方向去努力。

任何一個人都不喜歡指責，指責會帶給對方失落、灰心、厭煩、牴觸……人無完人，出現一些欠缺或不成熟的行為都是正常

第八章 說服他人,其實很簡單

的,當我們要在某個方面改進他們時,不妨假定一種美德,給對方一種心理上的引導。

用友善敲開對方的心扉

> 做人要懂得「如欲取之，必先予之」的道理，以友善的方式開始對待你的朋友。

美國人在針對孩子的教育上，十分注意反面教材的作用。對於一些在校園裡出現的恃強凌弱的所謂「小霸王」，校方的態度也是非常鮮明的。據悉，凡是經過兩次以上的教育仍不思悔改的「小霸王」，校方會開設獨立的課堂，禁止他與其他孩子接觸，讓其在失去自由的條件下悔過，如果依舊不思悔改，則會由不良少年管教部門給予管教。對於電影中的暴力鏡頭，有著嚴格的觀看年齡限制，電影院會嚴格執行。無論是教師還是家長，都十分注意引導孩子以批判的眼光進行審視。

美國製造的武器以高、精、尖而舉世聞名，但美國人不贊成玩具商開發高科技暴力玩具，更不支持孩子，尤其是男孩，與玩具槍、炮、坦克為伴。因為美國的研究者已經找到了越來越多的證據證明：美國暴力槍殺案與小時候經常用玩具模擬殺人有直接的關係。因此，美國的玩具越來越接近卡通，比如唐老鴨、米老鼠等。

美國人對孩子的教育，是希望將孩子培養成一個對人友善、親切的人，將來為世界人民做貢獻的人。

第八章　說服他人,其實很簡單

友善教育成為美國家庭教育的主導方向。

美國人一直堅信他們的總統林肯說的一句話:一滴蜜比一勺苦膽汁能夠捕到更多的蒼蠅。

美國歷史上第 16 任總統林肯,被稱為美國歷史上最偉大的解放者。他的交際手腕一直讓人津津樂道。

林肯由於家庭貧困,從小營養不良,非常消瘦,而且,臉很長,形象上比較難看,這成為很多人嘲笑他的把柄。

這天,林肯在樹林裡散步的時候,遇到了一位老婦人,老婦人說:「你是我所見過的最醜的一個人,只比猴子一樣的林肯稍微好看一些。」

林肯幽默地說:「我是身不由己,不過至少我比總統要好看一些,謝謝您對我的鼓勵。」

「不,至少你可以待在家裡不出門啊!」老婦人說。「這可不行!我還得為美國公民上街維持秩序呢。」林肯幽默地說道。林肯友善的回答彰顯了自己的胸懷和智慧。這是林肯競選總統時,為什麼能深得人心的一個縮影。

大學時期的一位導師,儘管只有 40 多歲,但頭髮快要禿光了,露出一片「不毛之地」。

他的這個特點成為我們嘲笑的對象,我們經常在背後稱呼他「沙漠之師」。

有一次,他乾脆在課堂上向我們講明了因病而禿髮的原

用友善敲開對方的心扉

因,最後,他還加上了這樣一句話:「頭髮掉光了也有好處,至少以後我上課時教室裡的光線可以明亮多了。」我們發出一片友好的笑聲,此後再也沒有人叫他「沙漠之師」。

同樣,大學時期另一個老師,個子很矮,也成為我們嘲笑的對象。

冬天的時候,有同學故意在走廊上潑了一盆水,想看老師的笑話。等到上課鈴響的時候,水已經結成了薄薄的一層冰。老師小心翼翼地踩過去,走進教室之後,笑著說:「哈哈!我個子矮,重心低,很難滑倒的。」

此後,再也沒有學生嘲笑過他。

友善具有強大的力量。因此真正偉大的人物會透過友善的方式,讓別人和他一起笑。他們以友善的方式來實現社交中的有效溝通。

人性本身是一個複雜的統一體──真與假,善與惡,醜與美的交織,在人性的驅使下,我們容易做一些自認為真的假事,自以為善的惡事,自以為美的醜事。人性的劣根性讓人總是交織在真與假,善與惡,醜與美的生活中。

然而,一個人要想活得更加快樂、幸福而且有意義,就應該使自己多一點真、善、美的東西。人性的劣根性讓很多人似乎生來就假、惡、醜,對待別人、對待生活、對待周圍的世界,甚至對待自己。

第八章　說服他人，其實很簡單

人際溝通中，我們首先想到的是自己，忽略別人，甚至以犧牲別人來換取自己的利益。

比如，遇到了不開心的事情，亂發脾氣，對周圍的人發作一通，固然自己可以非常痛快地宣洩了情緒，但周圍的人會怎樣？他能分享你的快樂嗎？你高高的聲調、仇視的眼神，能使別人信服你嗎？

想要實現有效溝通，如果你對他人毫不友善、不露真情，又怎能期望從他人身上得到友善的回報？當你與人相處時，「禮尚往來」這一準則一定要遵守，投之以桃方能報之以李。

人性的劣根性不易改變，你無法透過強制手段強迫他們同意你，但你完全有可能引導他們。只要你用溫和友善的方式，別人自然會主動接近你。

如果你想贏得人心，首先要讓他人相信你是最真誠的朋友。那樣就像有一滴蜂蜜能夠吸引住他的心，也就有一條坦然大道，通往他的理性。

威爾遜總統（Woodrow Wilson）在他年輕的時候說：「如果你握緊兩個拳頭來找我，我想我第一反應是如何擊倒你。但是，如果你到我這裡來說：『讓我們坐下，一起商議，如果我們意見不同，我們要了解為什麼彼此不同，分歧是什麼。』不久就可以看出，我們身上的相同點很多。」

這是威爾遜總統被美國公民擁戴的原因。

> 用友善敲開對方的心扉

燦爛的陽光比猛烈的狂風更容易讓你脫下外套；仁厚、友善的方式比任何暴力更容易改變別人的心意。這句話有多少人能了解和真正做到呢？

如果你希望別人認可你的選擇，就需要先使他相信：你是他忠實的朋友。用一滴蜂蜜去贏得他的心，這樣你就能使他走在理智的大道上。相反，如果你動不動就亂發脾氣，對別人說一些難聽的話，以為這樣你會感到淋漓盡致地暢快，那你就錯了。你的火藥味和敵視的態度會使對方對你表示贊同，分享你的痛快嗎？絕對不會。

第八章　說服他人，其實很簡單

> ### 沉默也可以是溝通的潤滑劑
>
> 人際溝通中，要懂得什麼時候該說，什麼時候不該說，當你沒有把握的時候，可以讓對方先說。

沉默是金，這幾個字蘊藏著大智慧。

幾年前，我的電腦需要配置一個光碟機，但我當時對光碟機一竅不通，購買卻又怕吃虧。

我到了電腦商城，先到了第一家店，一樣一樣地看。

老闆走過來，問我想買些什麼，我笑了笑，指了指光碟機。

老闆主動介紹：「你看看三星怎麼樣？進口的。」

我接著走進另外一家，進去轉了轉，老闆問我想買什麼，我說，想看一下三星的光碟機。老闆立刻拿出幾件，我一樣一樣地看，依舊保持沉默。這時候，老闆看我正端詳其中一樣，說：「韓國三星外接 DVD 燒錄機，效果很好。」

我跟著又出來了，進入下一家店，才進門就問：「有沒有三星外接 DVD 燒錄機？」

老闆趕緊把我帶過去，一樣一樣地介紹，看我正看著其中的一個，介紹說：「三星 SE-S084F，8 速，支持從 USB-CDROM 啟動……」

接著我走進了下一家，這次進門就直接問：「老闆，這裡有

> 沉默也可以是溝通的潤滑劑

三星 SE-S084F，8 速，支持從 USB-CDROM 啟動……？」

相信此時在老闆看來，我一定是個行家，他趕緊把我介紹過去。我說：「什麼價格？我可是比價，你開，我不還價，但是如果貴了，我轉身就走。」

老闆說了一個價格，我要求降低，老闆沒有同意。

我拿著老闆開出的價格，去了別家，綜合比較之後，買了一個光碟機回來。相反，如果我心急，保持不了沉默，一進門就問：「老闆，我買個光碟機，要好一點的。」相信老闆立刻就能看出我是外行，碰上奸商，肯定會狠狠地敲我一筆。

用沉默的方式去學習，學會了，問題就解決了。

人際溝通場合中，要懂得什麼時候該用嘴巴，什麼時候不該用。尤其是當你沒有把握，對事情一知半解的情況下，一定要讓對方先說，從對方的話裡探虛實。真正有能力的人，往往是那些一張嘴就顯得很懂行的人，而那些喋喋不休的人，往往是無法做出決斷的人。

新來的董事長艾迪‧伯德上任兩個月以來，每天早早地到辦公室，然後下到工廠，和技術工人交談；接著到市場，一觀察就是一個小時，和顧客交談……在公司裡，沒有召開過一次會議，沒有釋出過一條命令。

他的助理埃文斯實在沉不住氣，對他說：「你剛來的時候，我為你整理了一份公司的檔案，可是你兩個月以來都沒有動

第八章 說服他人，其實很簡單

過，為什麼？」

艾迪‧伯德回答說：「兩個月都沒有看，是我沒有做好準備看，當我做好了準備的時候，公司就開始踏上另一條路。」

果然，第二天，艾迪‧伯德召開了大會，釋出了四項措施，廢除了原來的四項制度，撤掉了三個部門，擴大了市場部門，提拔了四個技術員。

半年之後，公司員工的獎金翻番，所有的人都對他佩服有加。

艾迪‧伯德沒有在上任之初張開嘴巴，沒有暴露自己的意圖，而是在充分了解公司情況之後採取有效的行動，因此能讓公司順利發展。

「沉默更有說服力」，很樸素的一句話，卻蘊含著非常耐人尋味的真理。嘴巴上的無作為，並不代表大腦的無作為。正相反，精髓思想產生的過程，正是來源於那看似沉默的思考過程。

生活中，很多人喜歡先入為主，先發制人，這過早地洩露了自己的思想，將並不成熟的思想過早地說出來。這樣，則失去了進一步思考、提高的機會，使本來可能很有價值的想法隨口溜走了。

相反，對於聽話的人，他們冷冷地聽著你的滔滔不絕，除非是在聽上司的訓話。如果兩個人站在平等的地位上，他不講話，就顯得高深莫測，成了「你在明，他在暗」的局勢。

另外，他已經知道了你的動機、出發點，而你卻對他絲毫不

> 沉默也可以是溝通的潤滑劑

知,這樣你更有壓力,因為你抓不住他,不知道他怎麼想。他就像表面平靜的水一樣,下面有多少激流暗湧,你根本無從得知。

林肯說:「沉默的人最擅長偽裝,就像是一隻狗一樣,它微笑地看著你,你卻不知道它的動機是什麼。直到它咬到了你,你才意識到:哦!它在思考著如何攻擊我。擅長偽裝的人很討厭,但我願意做這樣的人。」

「黔驢技窮」的寓言很多人都知道,當驢子不叫的時候,老虎只能遠遠地望著,因為老虎沒有見過驢子,對這樣一個龐然大物感到畏懼。當驢子叫的時候,老虎已經不那麼害怕了,當驢子踢的時候,老虎已經完全不害怕了。

驢子就那麼一叫一踢,露出自己全部的家當,被老虎知根知底,結果一口就被老虎咬死了。

被別人知道底細、了解底細,該是一件多麼可怕的事情,因為你隨時都有可能成為他口中的一頓可口的「晚餐」。

人際溝通中,很多人就像那隻驢子一樣,迫不及待地亮出自己的全部家當,滔滔不絕,想透過這種方式讓別人關注你,結果往往恰恰相反。

很多人都知道,與你僅有一面之緣卻被你看透的人,你會覺得索然無味,因為說的話太多。而一直保持沉默的人,你不僅僅對他印象深刻,而且產生了探尋他的願望——這是人心的好奇本性。

第八章 說服他人,其實很簡單

「他繼續滔滔不絕地說著,我傾聽了差不多 1 個小時。」卡內基在自己的演講中,這樣說道。

「我去拜訪過他兩次,在第二次拜訪他的時候,我成為他正在創辦的一個組織的會員。直到現在,我還是他組織中的會員,但在當時,我是他唯一的會員。我每次都傾聽,並同意他的意圖。後來,我告訴他,『你知道人為什麼有兩隻眼睛,兩個耳朵,卻只有一張嘴巴嗎?為的是讓人多看、多聽、多想,而少說兩句。』他很聰明,立刻就明白了我的意思。後來,他告訴我『我從來未與別人有過這樣的談話,我現在感覺很幸福』。現在,這家會所的會員已經突破 10 萬人,而我卻是第一個會員。」

沉默是金,或許並非人生箴言,卻是溝通人際關係的潤滑劑。沉默達到的是「此時無聲勝有聲」的意境,實現的卻是「用心溝通」的境界。

沉默也可以是溝通的潤滑劑

國家圖書館出版品預行編目資料

言出必「行」！不會被拒絕的高品質溝通：先兵後禮、暈輪效應、巴納姆效應、視網膜效應……八堂課教你破解社交潛規則，提升說服力 / 郭津宏 著 . -- 第一版 . -- 臺北市：樂律文化事業有限公司, 2025.02
面；　公分
POD 版
ISBN 978-626-7644-62-1(平裝)
1.CST: 溝通技巧 2.CST: 說話藝術 3.CST: 人際關係
177.1　　　114001540

言出必「行」！不會被拒絕的高品質溝通：先兵後禮、暈輪效應、巴納姆效應、視網膜效應……八堂課教你破解社交潛規則，提升說服力

作　　　者：	郭津宏
責任編輯：	高惠娟
發 行 人：	黃振庭
出 版 者：	樂律文化事業有限公司
發 行 者：	崧博出版事業有限公司
E - m a i l：	sonbookservice@gmail.com
粉 絲 頁：	https://www.facebook.com/sonbookss/
網　　　址：	https://sonbook.net/
地　　　址：	台北市中正區重慶南路一段 61 號 8 樓

8F., No.61, Sec. 1, Chongqing S. Rd., Zhongzheng Dist., Taipei City 100, Taiwan

電　　　話：(02) 2370-3310　　傳　　　真：(02) 2388-1990
律師顧問：廣華律師事務所 張珮琦律師
定　　　價：375 元
發行日期：2025 年 02 月第一版
◎本書以 POD 印製